em neu 2008

Deutsch als Fremdsprache – Niveaustufe B1+

ARBEITSBUCH

Brückenkurs

Ausgabe 2008

Jutta Orth-Chambah
unter Mitarbeit von
Michaela Perlmann-Balme
Susanne Schwalb

Hueber Verlag

Quellen:

Seite	11	Text frei nach: Film-Jahrbuch 1992, Heyne Verlag, München; Foto: Deutsches Filminstitut (DIF), Frankfurt/Main
Seite	14	Text frei nach: Brockhaus Enzyklopädie, Mannheim 1990, Band 12, S. 470; Foto: Georg Keisler
Seite	25	Globus-Infografik, Hamburg
Seite	27	Text frei nach: Lexikon des Deutschen Films, Reclam Verlag, Stuttgart 1995; Foto: Deutsches Filminstitut (DIF), Frankfurt/Main
Seite	28	Text (Supervater) aus: AZ vom 27.9.95
Seite	29	Text aus: Christine Nöstlinger, Wir pfeifen auf den Gurkenkönig, 1972 by Beltz Verlag, Weinheim und Basel, Programm Beltz und Gelberg, Weinheim
Seite	33	Gedicht von Erich Fried aus: Liebesgedichte, Verlag Klaus Wagenbach, Berlin 1979, s.a. Gesammelte Werke
Seite	36	Text (Geburtstagsparty) leicht verändert aus: TIP Nr. 4/1996
Seite	45	Gedicht (Achterbahnträume) aus: Hans Manz, Die Welt der Wörter, 1991 by Beltz Verlag, Weinheim und Basel, Programm Beltz und Gelberg, Weinheim
Seite	49	Bildgeschichte: © Erich Rauschenbach, by www.c5.net
Seite	50	Text gekürzt aus: SZ vom 3.3.98 (Claudia Fischer)
Seite	52	Text gekürzt und geändert aus: Die Welt, 20.1.1997 (Ute Semkat)
Seite	53/54	Text „Der umgekehrte Lebenslauf" von Irmela Brender aus: Hans-Joachim Gelberg (Hrsg.), Der bunte Hund Nr. 47, 1997 by Beltz Verlag, Weinheim und Basel, Programm Beltz und Gelberg, Weinheim
Seite	63	Text aus: AZ vom 15.12.1997, Verlag die Abendzeitung, München
Seite	64	Text geändert aus: www.nora-tschirner.de/filmographie/kebab; Foto: Deutsches Filminstitut (DIF), Frankfurt/Main
Seite	65	Text verändert und gekürzt aus: Freundin vom 5.11.1997
Seite	66	Text (Trend zum ...) aus: jetzt Nr. 8 vom 16.2.98 (Josefine Köhn)
Seite	67	Texte (verändert) und Abbildungen mit freundlicher Genehmigung von FLASH Filmproduktion Armin Maiwald, Köln
Seite	68	Text (Butterbrot) aus: Presse und Sprache 3/1997
Seite	73	Gedicht von Ernst Ekker aus: Hrsg. Joachim Fuhrmann, Gedichte für Anfänger, rotfuchs 239, Rowohlt 1980
Seite	79	Text frei nach: TV-movie 9/1997, Foto: Deutsches Filminstitut (DIF), Frankfurt/Main
Seite	82	Abbildung: Deutscher Fernsehdienst (defd), Hamburg
Seite	83/84	Text frei nach: Heyne Filmjahrbuch 1998; Heyne Verlag, München
Seite	85/90/97	Gedichte von Josef Guggenmos aus: Oh, Verzeihung sagt die Ameise, 1990 by Beltz Verlag, Weinheim und Basel, Programm Beltz und Gelberg, Weinheim
Seite	93	Text frei nach: Lexikon des Deutschen Films, Reclam Verlag, Stuttgart 1995; Foto: Deutsches Filminstitut (DIF), Frankfurt/Main
Seite	94	Text oben frei nach: M-terminal, Zeitung der Flughafen München GmbH, 9/10 1997; Anzeigen: Reiseprospekt
Seite	105/106	Fotos: Musik + Show, Claus Lange, Hamburg; Text (Skorpions, Grönemeyer) nach: Thomas Hammerl, Rock & Pop Starlexikon, 1997 by Loewe Verlag, Bindlach
Seite	112	Foto: Deutsches Filminstitut (DIF), Frankfurt/Main; Text gekürzt nach: www.br-online.de/kultur-szene/film/kino (Heiko Rauber)
Seite	113/114	Text aus: Guinness World Records Buch, © Verlag der Rekorde, Hamburg
Seite	118	Text gekürzt aus: AZ vom 3.3.1998 (Florian Kienast); Foto aus: Alle 14 Achttausender, Überlebt, BLV Verlagsgesellschaft, München
Seite	122	Interview mit K. Lagerfeld gekürzt aus: GQ, Januar 1998; Text (Jil Sander) frei nach: Burda Moden 12/97; Foto: SZ Bilderdienst, DIZ München
Seite	124	Text oben nach: JUMA 2/96, Seite 35
Seite	126	Studie (So kleidet Man(n) sich) gekürzt von GfK, Frankfurt/Main
Seite	127	Hörtext „Jeans": Bernhard Schulz, München

Wir haben uns bemüht, alle Inhaber von Bild- und Textrechten ausfindig zu machen. Sollten Rechteinhaber hier nicht aufgeführt sein, so ist der Verlag für entsprechende Hinweise dankbar.

3.	2.	1.		Die letzten Ziffern
2012	11	10	09 08	bezeichnen Zahl und Jahr des Druckes.

Alle Drucke dieser Auflage können, da unverändert,
nebeneinander benutzt werden.
1. Auflage
© 2008 Hueber Verlag, 85737 Ismaning, Deutschland
Verlagsredaktion: Maria Koettgen, Dörte Weers, Thomas Stark, alle Hueber-Verlag
Layout: Marlene Kern, München
Zeichnungen: Martin Guhl, Duillier Genf
Druck und Bindung: Druckerei Stürtz GmbH, Würzburg
Printed in Germany
ISBN 978-3-19-511696-1

INHALT

INHALT

AB 4

INHALT

Verben

ausfallen
ausfüllen
faulenzen
gründen
kichern
segeln
sich ausmalen
sich ausruhen
sich bemühen um + *Akk.*
sich beschäftigen mit + *Dat.*
sich entspannen
sich freuen auf/über + *Akk.*
sich trauen
untergehen
verzichten auf + *Akk.*
wagen
zupacken

Nomen

die Agentur für Arbeit
der Angestellte, -n
der Arbeitsaufwand
der Arbeitslose, -n
die Arbeitszeit, -en
die Ausbildung
die Ausstellung, -en
das Berufsleben

die Eigeninitiative, -n
die Einstellung, -en
die Eröffnung, -en
die Freizeit
die Freizeitaktivität, -en
das Gefühl, -e
die Handarbeit, -en
der Lohn, ¨e
der Lohnausgleich
die Mehrheit, -en
die Minderheit, -en
der Ratschlag, ¨e
der Reichtum, ¨er
der Spaß an + *Dat.*
die Überstunde, -n
der Urlaub, -e
der Verstand
der Vertrag, ¨e
der Vorschlag, ¨e
die Zeiteinteilung

Adjektive/Adverbien

angepasst (un-)
anstrengend
ausnahmsweise
begeistert von + *Dat.*
beschäftigt mit/bei + *Dat.*
durchschnittlich

gemütlich (un-)
langfristig
reif für + *Akk.*
selbstständig
träge
unschlagbar
wöchentlich

Ausdrücke

alle viere von sich strecken
auf der faulen Haut liegen
auf eigene Rechnung arbeiten
brüderlich teilen
einen Vortrag halten
Energie haben
Forderungen stellen
im Internet surfen
im Ruhestand sein
in Rente gehen
jemandem auf die Sprünge helfen
jemanden aus dem Gleichgewicht bringen
jemandem geht etwas ab
Karten spielen
Rücksicht nehmen auf + *Akk.*
rund um die Uhr arbeiten
(das) Schlusslicht sein/bilden
Zeit sparen

1

___1___ **Arbeit und Freizeit** → **WORTSCHATZ**

Finden Sie zu jedem Buchstaben der beiden Wörter *Arbeit* und *Freizeit* ein Wort aus dem Lernwortschatz.

A		Faulenzen
R		R
B		E
E		I
In Rente gehen		Z
T		E
		I
		T

2   Kurstagebuch

Führen Sie ein Tagebuch. An jedem Tag sollte eine andere Kursteilnehmerin / ein anderer Kursteilnehmer den Eintrag schreiben.

Kurstagebuch

Verfasser(in): ....

Datum: ....

Was ich getan habe:

....

....

....

Was mir Spaß gemacht hat:

....

....

....

Was für mich schwierig war:

....

....

....

....

**Der lustigste Fehler oder
die lustigste Situation:**

....

....

Worüber ich mich geärgert habe:

....

....

....

zu Seite 9

3   Prioritäten im Kurs

a Wozu lernen Sie Deutsch?
Kreuzen Sie an, was auf Sie am meisten zutrifft.

Ich lerne Deutsch, weil
- ☐ ich es für meinen Beruf als .... brauche.
- ☐ es mir Spaß macht. Ich brauche es eigentlich nicht für den Beruf.
- ☐ ich es für die Schule / die Universität brauche.
- ☐ ich deutsche Freunde habe.
- ☐ ich in einem deutschsprachigen Land lebe / leben möchte.
- ☐ ....

b Wofür benötigen Sie Ihre Deutschkenntnisse?
Kreuzen Sie an, wann und wo Sie Deutsch hören, sprechen, lesen oder
schreiben.
Welche Kenntnisse oder Fertigkeiten sind für Sie besonders wichtig?

AB 8

LEKTION 1

Sprechen
- [ ] telefonieren am Arbeitsplatz
- [ ] geschäftliche Verhandlungen führen
- [ ] Gespräche auf Reisen in einem deutschsprachigen Land
- [ ] Unterhaltung in alltäglichen Situationen
- [ ] ....

Hören und verstehen
- [ ] deutschsprachige Radiosendungen
- [ ] deutschsprachige Fernsehsendungen
- [ ] deutschsprachige Filme und Videos im Original
- [ ] geschäftliche Besprechungen / telefonieren auf Deutsch
- [ ] Vorlesungen auf Deutsch
- [ ] ....

Schreiben
- [ ] private Briefe, E-Mails, z. B. an Freunde
- [ ] deutschsprachige Geschäftsbriefe, Faxe
- [ ] deutschsprachige Aufsätze / Seminararbeiten für die Schule / Universität
- [ ] ....

Lesen und verstehen
- [ ] deutschsprachige Literatur
- [ ] deutschsprachige Zeitungen und Zeitschriften
- [ ] auf Deutsch verfasste Briefe von Freunden
- [ ] auf Deutsch verfasste Geschäftsbriefe
- [ ] ....

zu Seite 10, 4

4   Was bedeutet Arbeit für Sie? → WORTSCHATZ/SCHREIBEN

a Ordnen Sie nach der Wichtigkeit. (1 am wichtigsten, 10 am wenigsten wichtig)

Gehalt – Zufriedenheit – Karrieremöglichkeit – Spaß/Vergnügen – Ansehen/Prestige – Herausforderung – viel Freizeit / viel Urlaub – Eigeninitiative – wenig Zeitaufwand – freie Zeiteinteilung

b Beschreiben Sie nun schriftlich, was für Sie persönlich Arbeit bedeutet. Benutzen Sie folgende Redemittel.

An erster Stelle steht für mich ...
Viel Wert lege ich auf ...
Nicht so wichtig ist ...
Überhaupt nicht wichtig ist ...

Beispiel: *An erster Stelle steht für mich das Gehalt. Ich möchte gern viel Geld verdienen, weil ...*

zu Seite 13, 3

5   Lerntipps → WORTSCHATZ

Lerntipp

Wortfelder erarbeiten
Oft gibt es in einem Text viele Wörter zu einem bestimmten Thema. Nutzen Sie diese Chance! Sie können Wortfelder zu einem Thema erarbeiten und damit Ihren Wortschatz erweitern. Markieren Sie alle Wörter aus einem Text, die zu einem Thema gehören.

a Unterstreichen Sie in Text 1 (Kursbuch, Seite 12) alle Wörter, die zum Wortfeld „Arbeit" gehören.
Beispiel:

In Deutschland gibt es einen Spruch: „<u>Selbstständig arbeiten</u> bedeutet: selbst arbeiten und ständig arbeiten." Das ist negativ gemeint, und ich finde, das sagt eine Menge über die ach so <u>fleißigen</u> Deutschen aus. Was <u>Eigeninitiative</u> betrifft, gehören wir nämlich zu den Schlusslichtern in Europa. (...)

b Schreiben Sie die Wörter aus dem Text in einen Wortigel.

arbeiten — **Arbeit** — fleißig
selbstständig   Eigeninitiative

c Ergänzen Sie weitere Wörter aus den Texten 2 und 3 im Kursbuch auf Seite 12.

Lerntipp

Vokabelkartei
Neue Wörter – was macht man damit? Notieren Sie die neuen Vokabeln täglich in Ihre Vokabelkartei, damit Sie sie immer wiederholen können.

d Was schreibt man auf die Karteikärtchen?

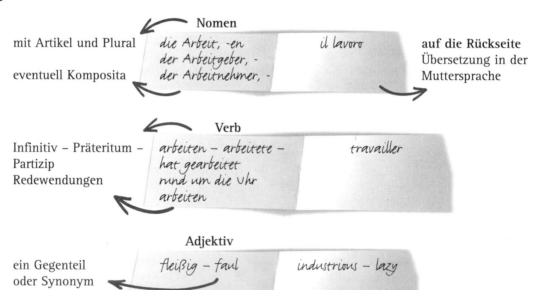

Nomen
mit Artikel und Plural   die Arbeit, -en   il lavoro   **auf die Rückseite**
   der Arbeitgeber, -   Übersetzung in der
eventuell Komposita   der Arbeitnehmer, -   Muttersprache

Verb
Infinitiv – Präteritum –   arbeiten – arbeitete –   travailler
Partizip   hat gearbeitet
Redewendungen   rund um die Uhr arbeiten

Adjektiv
ein Gegenteil   fleißig – faul   industrious – lazy
oder Synonym

Schreiben Sie nun selbst Karteikärtchen zu einem Nomen, einem Verb und einem Adjektiv aus Aufgabe **b** (Wortigel).

Lerntipp

Sätze bilden
Lernen Sie die Wörter in einem Sinnzusammenhang. Bilden Sie mit jedem neuen Wort einen Satz. Das hilft Ihnen, die neuen Wörter im Kontext zu verstehen und besser zu behalten.

e Bilden Sie Sätze mit den neuen Wörtern aus Aufgabe **b** (Wortigel).
Beispiele: *Meine <u>Arbeit</u> macht mir keinen Spaß mehr.*
Ich würde später lieber <u>selbstständig arbeiten</u>.

zu Seite 13, 4

__6__   Pappa ante portas → LESEN

Lesen Sie die Inhaltsangabe und ergänzen Sie folgende Wörter.

Idyll – Firma – Rente – Alltag – Chaos – Familienleben
Ruhestand – Direktor – Hausmann

PAPPA ANTE PORTAS

Videotipp

Deutschland 1990/1991 *Regie, Buch:* **Loriot**

Pappa (60) ist ....*Direktor*............ in einer großen
.... Mit seiner Frau Renate (45)
und dem gemeinsamen Sohn Dieter (16) führt er ein
ganz normales .... Renate
beklagt sich zwar darüber, dass ihr Mann im Haushalt
zu wenig hilft, findet sich aber in ihrem sorglosen
.... gut zurecht. Auch für Sohn
Dieter ist es kein Problem, dass sein Vater nur selten zu
Hause ist. Dieses .... bricht jedoch unerwartet zusammen, als Pappa
vorzeitig in .... geht. Er verkündet freudig die Nachricht,
zukünftig seiner Frau als .... mit Rat und Tat zur Seite zu stehen.
Schon bald stellt sich jedoch heraus, dass ein „Manager im ...." doch
nicht das Wahre ist! Das .... ist perfekt. Ein Film, der mit viel Witz
und Ironie den Zuschauer zum Schmunzeln bringt.

1

zu Seite 13, 5

__7__   Formen des Konjunktivs II → GRAMMATIK

Setzen Sie die folgenden Verben in den Konjunktiv II.
Wählen Sie dabei eine gebräuchliche Form.

a Gegenwart

Indikativ	Konjunktiv II	Indikativ	Konjunktiv II
er kommt	*er käme / würde kommen*	wir treffen	
ich esse	*ich würde essen*	er muss	
ihr braucht		ich gehe	
du weißt		du bringst	
wir sollen		ihr könnt	
du darfst		sie lesen	
sie geben		ich schlafe	
ich bin		sie erzählt	

b Vergangenheit

Indikativ	Konjunktiv II	Indikativ	Konjunktiv II
du hast gearbeitet	*du hättest gearbeitet*	ich wollte	
ich spielte		ihr habt gesehen	
wir sind gefahren		er hat gelesen	
ihr seid geblieben		wir schrieben	
wir wussten		ich hatte	
er kannte		sie hatte gearbeitet	
ich ging aus		er war gegangen	
sie hatte gesagt		ihr habt gemacht	

LEKTION 1

zu Seite 13, 5

__8__   Irreale Möglichkeit → **GRAMMATIK**

Was würden Sie machen, wenn ...? Bilden Sie Sätze im Konjunktiv II.
Beispiel: im Lotto gewinnen
> *Wenn ich im Lotto gewinnen würde, würde ich mir Designer-Kleider kaufen.*

a nicht mehr arbeiten müssen
b drei Monate Urlaub machen
c Deutschlehrer sein
d einen Film machen können
e mit Claudia Schiffer einen Abend verbringen
f eine berühmte Person in unseren Deutschkurs einladen können

zu Seite 13, 5

__9__   Spiel: Was würden Sie machen, wenn ...? → **SPRECHEN**   *Spiel*

Jede Kursteilnehmerin / jeder Kursteilnehmer schreibt drei Fragen auf
ein Kärtchen, die mit „Was würden Sie machen, wenn ..." beginnen.

Beispiel: *Was würden Sie machen, wenn ein UFO vor Ihrer Tür
landen würde?*

Die Kärtchen werden eingesammelt und neu verteilt.
Eine Kursteilnehmerin / ein Kursteilnehmer richtet die Frage auf dem
Kärtchen an jemanden, der spontan antworten muss. Dieser stellt
dann die Frage auf seinem Kärtchen.

zu Seite 13, 5

__10__   Konjunktiv II in der Vergangenheit → **GRAMMATIK**

Setzen Sie das Verb in den Konjunktiv II der Vergangenheit.

a Wenn ich gestern Zeit *gehabt hätte* , wäre ich zu deiner Geburtstagsparty gekommen. (haben)
b Wenn du in der Schule besser Deutsch .... ,
dann hättest du gestern den deutschsprachigen Film besser verstanden.
(lernen)
c Wenn ihr gestern nicht so spät .... , hätten
wir zusammen einen tollen Ausflug gemacht. (aufstehen)
d Wenn du deine Freundin wenigstens .... ,
wäre sie jetzt nicht so sauer. (anrufen)
e Wenn du mich .... , hätte ich dir helfen können.
(fragen)

zu Seite 13, 5

__11__   Wie wäre das nicht passiert? → **GRAMMATIK**

a Bilden Sie Sätze.
Beispiel: Gestern habe ich einen Unfall gebaut. (besser aufpassen)
> *Wenn ich besser aufgepasst hätte, hätte ich keinen Unfall gebaut.*

1 Ich habe Susanne gestern nicht mehr getroffen. (nicht zu spät kommen)
2 Oma hat Halsschmerzen. (nicht ohne Schal Motorrad fahren)
3 Gestern bin ich ganz nass geworden. (Regenschirm mitnehmen)
4 Ich habe die Prüfung leider nicht bestanden. (mehr lernen)
5 Gestern habe ich mir am Fuß wehgetan. (nicht so wild tanzen)
6 Gestern habe ich die Kassette von Silvias Hochzeit gelöscht.
(nicht mit dem Videorekorder spielen)

b Erfinden Sie nun drei eigene Sätze mit dieser Struktur.

LEKTION 1

zu Seite 13, 6

12   Irreale Wünsche → GRAMMATIK

Frau Friedmann ist mit einem „Workaholic" verheiratet
und unzufrieden mit ihrem Leben.
Formulieren Sie ihre Wünsche im Konjunktiv II (Gegenwart).

Verwenden Sie:

Wenn er	doch ...
Hätte er	doch mal ...
Wäre er	nur ...
	bloß ...
	doch nur ...

Beispiel: Sie klagt: „Mein Mann hat nie Zeit für mich!"
         Sie wünscht sich: *„Wenn mein Mann doch nur mehr Zeit für mich hätte!"*
         oder: *„Hätte mein Mann bloß mehr Zeit für mich!"*

a „Er ist immer müde und überarbeitet."
b „Er bleibt nächtelang im Büro."
c „Er hat seit Monaten nichts mehr mit Freunden unternommen."
d „Er macht nichts mehr in seiner Freizeit. Er spielt nicht einmal mehr Golf."
e „Er nimmt sich kaum noch Zeit für seine Kinder."
f „Wir sind schon seit Langem nicht mehr ins Kino gegangen."
g „Ich bin immer allein zu Hause."
h „Wir reden kaum noch miteinander."

zu Seite 13, 6

13   Ein Traumjob → GRAMMATIK

Wie könnte der ideale Arbeitstag aussehen?
Schreiben Sie Sätze im Konjunktiv II.

Beispiele:
Beginn des Arbeitstags: *Ich würde erst um zehn Uhr aufstehen.*
Nach einem langen Frühstück würde ich mich mit dem Taxi ins Büro
fahren lassen. Alle Kollegen würden mich gut gelaunt begrüßen.
Arbeitsplatz: *Mein Büro würde wie ein Dschungel aussehen. Ich würde*
es mir erst einmal zwischen den Pflanzen gemütlich machen. ...

Beginn des Arbeitstags: ....

....

Arbeitsplatz: ....

....

Arbeitszeit: ....

....

Kollegen: ....

....

Arbeitsbedingungen: ....

....

Gehalt: ....

....

LEKTION 1

zu Seite 13, 7

14 Ratschläge geben → GRAMMATIK

Welche Ratschläge würden Sie einem „Workaholic" geben? Gebrauchen
Sie dabei den Konjunktiv II.
Beispiel: *An Ihrer Stelle würde ich keine Überstunden mehr machen!*

> **An Ihrer Stelle würde ich ...**
> **Wenn ich Sie wäre ...**
> **Ich denke, es wäre ...**
> **Vielleicht sollten Sie ...**
> **Ich würde ...**
> **Sie könnten ...**
> **Sie müssten mal ...**

zu Seite 14, 3

15 Textpuzzle → LESEN

Bringen Sie die folgenden Textteile einer Kurzbiogra-
fie von Georg Kreisler in die richtige Reihenfolge.

☐ Er wurde populär mit makaber-zynischen,
hintergründigen Chansons (z. B. „Zwei alte
Tanten tanzen Tango", 1961),

☐ Nach seiner Rückkehr nach Wien arbeitete er
an Kabarettprogrammen (z. B. auch zusammen
mit G. Bronner und H. Qualtinger).

☐ die mit ungewöhnlichen Wortspielen und
Musikparodien Kritik an der bürgerlichen
Gesellschaft üben.

☐ wo er neben Arbeiten für Hollywood 1946-55 in New York als
Chansonnier auftrat.

☑ Kreisler wurde am 18.7.1922 in Wien geboren.

☐ Er studierte am Konservatorium der Stadt Wien und emigrierte
1938 in die USA,

zu Seite 15, 2

16 Höfliche Bitte → GRAMMATIK

Was sagt der Chef zu seiner Sekretärin?
Formulieren Sie die Sätze höflicher.
Beispiel: Arbeiten Sie bitte heute Abend länger!

> *Würden Sie bitte heute Abend länger arbeiten?*
> *Könnten Sie bitte heute Abend länger arbeiten?*
> *Wären Sie so nett, heute Abend länger zu arbeiten?*

(a) Bringen Sie mir bitte eine Tasse Kaffee!
(b) Machen Sie bitte das Fenster auf!
(c) Schicken Sie bitte das Fax gleich ab!
(d) Verschieben Sie bitte den Termin!
(e) Rufen Sie bitte das Reisebüro an und buchen Sie einen Flug nach Frankfurt!
(f) Reservieren Sie bitte einen Tisch für 20 Uhr!

zu Seite 15, 2

17 Redemittel → SPRECHEN

Ordnen Sie den folgenden Situationen die Dialoge zu.
Schreiben Sie dann die Dialoge fertig.

a Sie möchten mit Ihrer Kollegin am Abend auf eine After-Work-Party. Ihre Kollegin kann nicht. Sie verstehen das und machen einen anderen Vorschlag

c Ein Kollege möchte in der Mittagspause mit Ihnen in die Kantine. Sie können nicht. Lehnen Sie höflich ab und geben Sie eine Begründung.

b Sie haben ein Problem. Bitten Sie einen Kollegen um ein Gespräch.

d Sie fahren in den Urlaub. Sie bitten Ihre Kollegin um einen Gefallen.

... passt mir leider überhaupt nicht. – Ich muss unbedingt ... – ... verstehe ich. –
... könnten vielleicht ... – Ginge das? – Wärst du so nett ... –
... kann aber noch nicht definitiv ... – Worum geht es denn?

📋 *Situation 1:*
- Du, Carlos, ich würde gern mal mit dir sprechen. Hättest du mal fünf Minuten Zeit?
- ▲ Ja, klar. ....
- Ich hab' mal wieder Probleme mit dem Computer. Kannst du mir helfen?

📋 *Situation 2:*
- Und? Gehen wir essen?
- ▲ Das passt jetzt weniger gut. .... hier noch fertig werden.
- Kein Problem. Das .... Dann frage ich Susanne.

📋 *Situation 3:*
- Du, hast du Lust, heute nach der Arbeit ins Lenbach zu gehen?
- ▲ Du, tut mir schrecklich leid. Heute Abend ....
- Kein Problem. Wir .... nächste Woche gehen.
- ▲ Gute Idee! Ich .... zusagen. Ich sag' dir dann Bescheid.

📋 *Situation 4:*
- Du, Karla, ich bin doch nächste Woche zwei Wochen in Griechenland.
  .... und würdest meine Blumen gießen, wenn ich weg bin?

- ▲ Klar, überhaupt kein Problem.

zu Seite 17, 3

__18__   Immer wieder sonntags → WORTSCHATZ

Machen Sie Paraphrasen mit Formulierungen aus dem Text
auf Seite 16 im Kursbuch.
Beispiel: 18 Stunden Freizeit ohne Pause – *18 Stunden Freizeit am Stück*

brüderlich – reif sein für – ein Fremdwort sein –
aus dem Gleichgewicht bringen – schleppen – unschlagbar

a „Kultur" *kennt* oder *mag* er *nicht*.
„Kultur" .... für ihn ein ....
b Auf diesem Gebiet ist er einfach *der Beste*.
Auf diesem Gebiet ist er einfach ....
c Ich muss eine Diät machen.
Ich .... eine Diät.
d Er hat mich *gegen meinen Willen* ins Café *mitgenommen*.
Er hat mich ins Café ....
e Das hat mich ganz *verwirrt*.
Das hat mich ....
f Wir haben alles *fair* geteilt.
Wir haben alles .... geteilt.

LEKTION 1

zu Seite 17, 7

19 Finale Nebensätze → GRAMMATIK

Ergänzen Sie die Regel.
Finale Nebensätze drücken eine .... *Absicht* .... aus.
Wenn das Subjekt im ....*Haupt.*-satz identisch mit dem Subjekt
im .... -satz ist, dann kann man ....
+ Infinitiv oder .... verwenden. Sind die Personen nicht
identisch, dann muss man die beiden Sätze mit .... verbinden.

zu Seite 17, 7

20 Finalsätze → GRAMMATIK

a Welche Sätze gehören zusammen? Ordnen Sie zu.

Wozu machst du so viele Überstunden?	mich weiterbilden
Warum gehst du in eine Kneipe?	besser Deutsch lernen
Warum bist du in Frankfurt?	einen Urlaub in Spanien buchen
Wozu brauchst du das Auto?	Kathrin vom Bahnhof abholen
Wozu gehst du ins Reisebüro?	fünf Kilo abnehmen
Wozu machst du eine Diät?	neue Leute kennenlernen
Warum liest du so viel?	fit bleiben
Warum treibst du so viel Sport?	Projekt beenden

b Bilden Sie Finalsätze.
Beispiel: *Ich mache so viele Überstunden, um das Projekt zu beenden.*

zu Seite 17, 7

21 *damit* oder *um ... zu* ? → GRAMMATIK

Verbinden Sie die Sätze mit *damit* oder *um ... zu*.
Beispiel: Er möchte weniger arbeiten.
 Seine Familie hat dann mehr von ihm.
 Er möchte weniger arbeiten, damit seine Familie mehr von ihm hat.

a Sie geht für ein Jahr als Au-pair-Mädchen nach Deutschland.
 Sie möchte die deutsche Kultur kennenlernen.
b Ich gehe heute früh ins Bett.
 Ich möchte morgen früh fit sein.
c Ich hole ihn mit dem Auto von der Universität ab.
 Dann muss er nicht zu Fuß gehen.
d Ich drehe das Radio leiser.
 Ich möchte ihn nicht aufwecken.
e Er macht viele Überstunden.
 Sein Chef gibt ihm vielleicht eine Gehaltserhöhung.
f Susanne hat mich angerufen.
 Ich soll ihr morgen das Buch mitbringen.
g Sie jobbt viel in den Semesterferien.
 Sie will Geld für eine Fernreise verdienen.
h Ihre Eltern geben ihr Geld.
 Sie kann einen Sprachkurs besuchen.

Spiel

zu Seite 18, 2

22 Freizeitaktivitäten → WORTSCHATZ

Suchen Sie aus dem folgenden Text zwölf Freizeitaktivitäten heraus.

INSKONZERTGEHENCFLDOFUSSBALLSPIELENCLDKEIDJFMVKSICHMITFREUNDEN
TREFFENCKDJIELSCHWIMMENLODKIDIPLÖPOINDIEDISCOGEHENLESENSETZDENK
ODSINGENDSSAINEINEAUSSTELLUNGGEHENZUMFRAGZBADENGEHENGEHDER
RADFAHRENMILORITRADIOHÖRENDSFREIZEIDRSEGELNSLÖOTRTFGDAFEJVMDFJ

zu Seite 19, 3

__23__ Klassen–Brieffreundschaften → SCHREIBEN

Sie lesen folgende Kontaktanzeige in einer Jugendzeitschrift.

Wir, 19 Schüler zwischen 16 und 19 Jahren aus Japan, lernen seit
drei Jahren Deutsch und suchen Brieffreundschaften aus aller Welt.
Wir wollen wissen, wie andere Jugendliche in anderen Ländern leben.
Unsere Hobbys: Sport, Filme, Reisen, Partys und Musik.
Außerdem spielen wir Theater. Wir würden uns riesig freuen, wenn
Ihr uns schreibt. Wir antworten auf alle Briefe.

Deutschklub der Wasseda Universität, deutschklub@wasseda.ae.jp

Ergänzen Sie die Lücken in der folgenden Antwort-Mail.

deutschclub@wasseda.ae.jp

Datei Bearbeiten Ansicht Gehe Nachricht Extras Hilfe

Konten	Ansicht: Alle	Betreff oder Absender enthält:	Neue Suche

	Betreff	Absender	Datum
	Liebe Schüler	kurs_b@ers-sprachschule.de	04.07.2005

Betreff: Liebe Schüler   **Von:** kurs_b@ers-sprachschule.de

Liebe Schüler des .... Wasseda,

wir haben Eure .... gelesen und finden
es eine tolle Idee. Wir möchten auch gern andere Länder ....
.... Wir lernen Deutsch an der
ERS-Sprachschule in Dortmund. Wir sind 17 Schüler – alle zwischen 18 und
22 Jahre alt – und kommen aus .... :
aus Frankreich, aus der Schweiz, aus Italien und Spanien. Die meisten von uns
sind sehr ....: Wir fahren
Rad, gehen gern schwimmen, machen Bodybuilding. Manche von uns lesen
sehr viel, einige gehen gern ins Kino – Ihr seht also, wir haben viele
....

Vielleicht könntet Ihr uns .... oder Videos
schicken, damit wir Euch ein bisschen kennenlernen. Wir würden uns auch
.... , wenn Ihr uns schreibt, wie Euer Deutsch-
unterricht so ist. .... oder interessant? Was
macht Ihr so? Vielleicht könntet Ihr auch über Projekte in Eurem Unterricht
....

Wir warten auf Eure .... und freuen uns auf
Post von Euch!
Viel Spaß beim Deutschlernen wünschen Euch

die Schüler der ERS-Sprachschule, Kurs B

24 Lehrwerk-Quiz

Wie gut kennen Sie Ihren Lehrwerksband schon?
Blättern Sie Kurs- und Arbeitsbuch durch und beantworten Sie dabei
zu zweit die folgenden Fragen so schnell wie möglich. Wenn das erste
Paar „Halt!" ruft, beginnt die Auswertung. Für jede richtige Antwort
gibt es einen Punkt.

Frage	Antwort
Wo finde ich	
a Tipps zum richtigen Lernen?	
b wie das Thema der Lektion 4 heißt?	
c den gesamten Wortschatz zu einer Lektion?	
d die Grammatik in Übersichten dargestellt?	
Wie viele	
a Fertigkeiten trainiert jede Lektion?	
b Lesetexte enthalten die ersten drei Lektionen?	
c Projekte enthalten die Lektionen 1 bis 5?	
In welcher Lektion üben wir, auf Deutsch	
a eine Einladung zu schreiben?	
b zu telefonieren?	
c an einer Debatte teilzunehmen?	
In welcher Lektion lernen wir etwas	
a zur Textgrammatik?	
b zum Konjunktiv II?	
Wie sieht der Hinweis auf eine	
a Übung im Arbeitsbuch aus?	
b Übung zur Grammatik aus?	

LEKTION 1 – *Aussprachetraining*

die Vokale a – ä – e

1 Wortpaare *a – ä*

LERNER-CD 1

a Sie hören jetzt einige Wortpaare. Ergänzen Sie das zweite Wort des Paares.

a – ä	ä – a
war – *wäre*	Verträge – *Vertrag*
hatte –	Vorschläge –
kam –	täglich –
Rand –	Sätze –
gab –	Pläne –
Glas –	nämlich –
zahlen –	Länder –

b Sprechen Sie die Wortpaare.

2 Wortpaare *ä – e*

LERNER-CD 2

a Hören Sie die folgenden Wortpaare und sprechen Sie nach.

|---|---|
Väter	Vetter
Tränen	trennen
Täler	Teller
rächen	rechnen
nähte	nette
Gespräch	sprechen
Bäche	Becher
Fähre	Ferne
Präsident	Presse
wählen	Wetter

LERNER-CD 3

b Hören Sie die Sätze und setzen Sie die fehlenden Wörter ein.

- Es fließen ....*Tränen*........, wenn wir uns ....
- Wir wohnten in .... und aßen von ....
- Sie .... damit, dass er sich ....
- Der .... wurde von der .... gelobt.
- Wir fuhren mit der .... in die ....

3 *ä* oder *e*?

LERNER-CD 4

a Welches Wort hören Sie? Unterstreichen Sie das Wort, das Sie hören.

|---|---|
gähnen	gehen
Gäste	Geste
Bären	Beeren
Ähre	Ehre
ähnlich	ehrlich
klären	lehren
fällen	fehlen
wären	wehren
Schwäche	Schweden
Fäden	Federn

b Lesen Sie noch einmal die Beispiele aus Aufgabe 2 und Aufgabe 3a. Ergänzen Sie die Regel.

- *e* wird meistens wie *ä* gesprochen, wenn das *e* ......*kurz*...... ist.
- *e* wird meistens wie *e* gesprochen, wenn das *e* .... ist.

22

Lernkontrolle: Was haben Sie in diesem Kapitel gelernt?

Kreuzen Sie an.

Ich kann ...

Lesen

☐ ... kurzen Statements zum Thema *Arbeit und Freizeit* die Hauptinformationen entnehmen.

☐ ... Ironie und Übertreibungen in einem Text zum Thema *Freizeitbeschäftigungen* erkennen.

Hören

☐ ... ein längeres Originalinterview zum Thema *Studium und Beruf* global und im Detail verstehen.

☐ ... Ratschläge, die in einem Lied gegeben werden, verstehen und mitnotieren.

Schreiben – Produktion

☐ ... die wichtigsten Informationen aus einem gehörten Interview in einer Zusammenfassung wiedergeben.

Schreiben – Interaktion

☐ ... ein Antwortschreiben auf eine E-Mail verfassen, in dem ich auf Fragen zu meiner Person antworte.

Sprechen – Produktion

☐ ... mithilfe von Redemitteln und Bildern die Meinung einer Person zu Arbeit und Freizeitgestaltung wiedergeben.

Sprechen – Interaktion

☐ ... ein Gespräch am Arbeitsplatz simulieren und darin mit einer Kollegin / einem Kollegen oder einer/einem Vorgesetzten etwas aushandeln.

☐ ... höfliche Bitten passend formulieren.

Wortschatz

☐ ... Wortschatz und feste Wendungen zum Thema *Arbeit, Freizeit und Vergnügen* sicher verwenden.

Grammatik

☐ ... die Formen des Konjunktivs II in Gegenwart und Vergangenheit benutzen.

☐ ... irreale Bedingungen, Wünsche und Vergleiche sowie Ratschläge und höfliche Bitten formulieren.

☐ ... Ziele und Absichten mithilfe von Finalsätzen ausdrücken.

Sprechen Sie mit Ihrer Kursleiterin / Ihrem Kursleiter über Tipps zum Weiterlernen.

Verben

betreuen
etwas erledigen
gehören zu + *Dat.*
hassen
heiraten
sich entscheiden für + *Akk.*
sich konzentrieren auf + *Akk.*
sich kümmern um + *Akk.*
sich verlassen auf + *Akk.*
vereinbaren mit + *Dat.*
verheiratet sein mit + *Dat.*

Nomen

die Abhängigkeit von + *Dat.*
die Adoption, -en
die Autorität
die Beziehung zu + *Dat.*
das Budget, -s
der Doppelname, -n
der Ehegatte, -n
der Ehename, -n
das Ehepaar, -e
die Eifersucht
das Einkommen, -
das Elternhaus
der Elternteil, -e
der Erwachsene, -n
die Erziehung
die Geburt, -en
der Geburtsname, -n

die Geschwister (Plural)
der Halbbruder, ̈
der Haushalt, -e
der Hort, -e
das Jugendamt, ̈er
die Karriere
der Kindergarten, ̈
die Konkurrenz
die Krippe, -n
die Lebensform, -en
das Misstrauen
der Mutterschutz
der Neid
die Perspektive, -n
die Qualifikation, -en
der Respekt
die Rücksicht
der Single, -s
die Solidarität
die Sorge, -n
die Stiefmutter, ̈
die Stiefschwester, -n
die Tagesbetreuung
die Tagesmutter, ̈
die Teilzeitarbeit
die Verantwortung
das Vertrauen
die Wohngemeinschaft, -en

Adjektive/Adverbien

abgekühlt

angenehm (un-)
ansprechend
berufstätig
distanziert
ehelich (nicht-)
ehrgeizig
eisig
erfolgreich
frostig
herzlich
innig
leiblich
leidenschaftlich
zielstrebig

Ausdrücke

aus dem Beruf aussteigen
eine Chance wahrnehmen
für jemanden durchs Feuer gehen
für jemanden viel/nichts
   empfinden
jemand geht mir auf die Nerven
jemand ist mir gleichgültig
jemanden gern haben
jemanden gut/nicht leiden können
jemanden nicht ausstehen können
schieflaufen
sich nichts aus jemandem machen
sich zu jemandem hingezogen
   fühlen
Verantwortung übernehmen

---

1   Menschliche Beziehungen → WORTSCHATZ

a Wie heißt das Nomen oder das Adjektiv? Ergänzen Sie.

Ehrgeiz	– ehrgeizig		....	– erfolgreich
Eifersucht	–		Respekt	– ....
....	– herzlich		....	– leidenschaftlich
Vertrauen	–		Sympathie	– ....
....	– frostig		....	– eisig
Neid	–		Rücksicht	– ....
Liebe	–			

b Ordnen Sie die Adjektive aus 1 **a** in Gruppen und ergänzen Sie
wenn möglich das Gegenteil.

-lich	-ig	-isch	-voll	-reich
herzlich – kühl		*sympathisch – unsympathisch*		

zu Seite 22, 2

__2__ Lerntipp → **HÖREN**

Wie haben Sie dem Interview zugehört? Kreuzen Sie an, was auf Sie zutrifft.

☐ Ich habe mich auf jedes Wort konzentriert.
☐ Ich habe einfach so zugehört, ohne bestimmtes System.
☐ Ich habe mich auf die Themen, über die die Familie spricht, konzentriert.

Lerntipp

Globales Hören. Zuhören – aber wie?
Konzentrieren Sie sich beim Hören nicht auf das, was Sie nicht verstehen, sondern auf das, was Sie verstehen. Lassen Sie sich nicht irritieren, wenn Sie nicht jedes Wort verstehen. Versuchen Sie zunächst nur folgende Fragen zu beantworten:

■ *Welche* Personen sprechen?
■ *Wo* und *wann* findet das Gespräch statt?
■ *Worüber* wird gesprochen?

Wenn Sie den Text ein zweites Mal hören, können Sie versuchen, Einzelheiten zu verstehen.

zu Seite 22, 4

__3__ Hörtext: Transkription → **LESEN**

Lesen Sie den letzten Abschnitt des Interviews und ordnen Sie den Fragen der Interviewerin die passenden Antworten der Kinder zu.

a Und in diesem Zimmer stehen zwei Schreibtische. Clemens, wo arbeitest du denn? Was ist denn dein Schreibtisch?

b Wie lange sitzt du denn an deinen Schulaufgaben?

c Was, so wenig? Paula, wie lange brauchst du für deine Hausaufgaben?

d Was macht ihr denn, wenn ihr fertig seid mit den Hausaufgaben?

e Wann müsst ihr am Abend das Licht ausmachen, wann müsst ihr ins Bett?

Manchmal länger. Das höchste war eine Stunde.

Manchmal rufen wir Freunde an, wenn sie da sind. Bücherei gehen, rausgehen, Fußball spielen oder so was. Wenn schönes Wetter ist. Im Winter Schlitten fahren.

Links, der da.

Normalerweise um acht Uhr, aber manchmal wird's auch neun. Ich habe auch zweimal pro Woche Fußballtraining, das ist ziemlich spät. Da komm' ich erst um halb acht, acht heim.

Mmm, das höchste war 20 Minuten.

zu Seite 22, 4

__4__ Eine ungewöhnliche Familie → **LESEN**

Familie Busse segelt seit 16 Jahren mit 10 Kindern um die Welt

Mitten im Indischen Ozean. In der winzigen Koje[1] ihrer Segeljacht brachte Frau Busse ihr zehntes Kind zur Welt. Geburtshelfer waren der Vater und die größeren Geschwister. Laura ist schon das siebte Hochsee-Baby. Nur die drei Ältesten sind in Deutschland geboren.

Seit 16 Jahren segelt die Familie um die Welt. Karibik, Australien, Neuseeland. Ein Herzinfarkt war für den Vater der Grund, sein Leben radikal zu ändern. Er verkaufte sein Haus, seine Praxis, kaufte sich dafür ein Segelschiff und legte das Geld so an, dass die Familie von den Zinsen leben kann.

Frei wollten sie sein, als sie vor 16 Jahren ihr Abenteuer starteten. Seitdem bleiben sie, wo es ihnen gefällt. Der Traum von Freiheit und Unabhängigkeit ist Realität geworden. Einmal in dieser Zeit wollten sie sesshaft werden. Sie kauften ein Haus in Italien, aber nach zwei Jahren entschieden sich alle wieder für das Leben auf See.

Auf dem Schiff gibt es keinen Luxus. Das Leben ist einfach und bescheiden. Ein Leben auf unvorstellbar engem Raum. Zwei Kojen, zwei Bäder, eine Küche mit Essplatz. Aber dennoch herrscht Ordnung. Es scheint eine ganz „normale" Familie zu sein. Auch die Bildung kommt nicht zu kurz. Die Jacht wird jeden Tag zum Schulschiff. Die Eltern pauken mit den Kindern.

Aber ob das reicht, um sich auch gegen die Stürme des Lebens zu wappnen? Zwei der Kinder probieren es aus: Klaus (21) hat das Leben an Bord satt und studiert an der Uni in Salamanca, Spanien. Susanne (18) arbeitet als Au-pair-Mädchen in Frankreich. (...)

¹ Schlafstelle auf einem Boot

Was steht im Text?
Kreuzen Sie an, was richtig, was falsch ist.

		richtig	falsch
a	Drei Kinder sind auf dem Schiff geboren.	☐	☐
b	Der Vater hatte einen Herzinfarkt auf dem Schiff.	☐	☐
c	Die Familie war in den letzten 16 Jahren nie lange Zeit an einem Ort.	☐	☐
d	Das Schiff ist sehr groß, und es gibt viel Platz für jedes Kind.	☐	☐
e	Das Leben an Bord ist chaotisch.	☐	☐
f	Die Kinder lernen jeden Tag für die Schule.	☐	☐
g	Zwei der Kinder wollen ein „normales" Leben ausprobieren.	☐	☐

zu Seite 22, 4

5 Fehlersuche → SCHREIBEN

Lesen Sie den folgenden Leserbrief zu dem Zeitungsartikel (Aufgabe 4).
Kreuzen Sie an, ob die unterstrichenen Wörter richtig oder falsch sind.

Redaktion der Zeitschrift „Zürich"
Hauptstrasse 17
CH-8067 Zürich

Zürich, den 29. März 20..

Familie Busse – Ihr Artikel vom 21.03.20..

Sehr geehrte Damen und Herren,

	richtig	falsch
ich habe Ihren Artikel <u>von</u> Familie Busse gelesen und war total begeistert.	☐	☐
Ich <u>finde</u>, das ist wirklich mutig von <u>die</u> Eltern, so zu leben.	☐ ☐	☐ ☐
Die Kinder lernen doch viel mehr fürs Leben, <u>als</u> sie auf einem Schiff leben.	☐	☐
Sie haben <u>die Chance</u>, viele Länder und Kulturen <u>zu kennen</u> und dadurch	☐ ☐	☐ ☐
<u>toleranter</u> zu werden.	☐	☐
<u>Diese</u> Erlebnis von Freiheit und Unabhängigkeit ist doch eine vernünftige	☐	☐
Alternative zu unserem tristen Alltag, der von Stress und <u>Hektik</u> geprägt ist.	☐	☐
Wir müssen wieder lernen, die Natur zu erleben und zu respektieren.		
Außerdem können sich die Kinder, wenn sie volljährig sind, selbst entscheiden, wie und wo sie leben <u>möchten</u>. Die Eltern zwingen sie <u>nichts</u>.	☐ ☐	☐ ☐
Also, ich finde das wirklich toll, und wenn ich das Geld <u>haben</u>, würde ich das auch machen.	☐	☐

Mit freundlichen Grüssen

Silke Altermann

LEKTION 2

zu Seite 23, 3

6   Adjektive → WORTSCHATZ

Ein Nomen passt nicht. Streichen Sie durch.

freundlich:	Gesicht	Farbe	Worte	Misstrauen
eisig:	Wind	Blick	Respekt	Schweigen
leidenschaftlich:	Lehrer	Film	Autorität	Single
herzlich:	Grüße	Brief	Familie	Haushalt
innig:	Karriere	Liebe	Freundschaft	Beziehung

zu Seite 23, 4

7   Emotionale Beziehungen → WORTSCHATZ

Ergänzen Sie jeweils das passende Nomen + Präposition.

Rücksicht auf – Spaß an – Eifersucht auf – Respekt vor – Sorge um – Neid auf

a ......*Sorge um*......
- deine Gesundheit
- die Zukunft
- das Wohl der Familie

b ....
- meinem Lehrer
- meinen Eltern
- meinem Chef

c ....
- die Nichtraucher
- meine Großeltern
- meinen kranken Bruder

d ....
- einen anderen Mann
- die kleine Schwester
- den beliebten Kollegen

e ....
- sein tolles Haus
- seine gute Ehe
- ihren gut bezahlten Job

f ....
- meiner Arbeit
- meinen Hobbys
- meiner Briefmarkensammlung

zu Seite 23, 4

Spiel

8   Spiel: Gefühle → WORTSCHATZ

Suchen Sie sich auf Seite 23 im Kursbuch ein Gefühl bzw. ein Verb oder ein Adjektiv aus, das ein Gefühl ausdrückt. Stellen Sie es pantomimisch dar. Die anderen raten, was Sie darstellen.

zu Seite 24, 2

9   Statistik → WORTSCHATZ/SCHREIBEN

Schreiben Sie einen kleinen Text zu der Grafik auf Seite 25 oben.
Benutzen Sie dazu die Mengenangaben wie auf Seite 24 im Kursbuch.
Beginnen Sie so: *In Deutschland leben die meisten Ehepaare,*
    nämlich 9,7 Millionen, ohne Kinder in einem Haushalt....

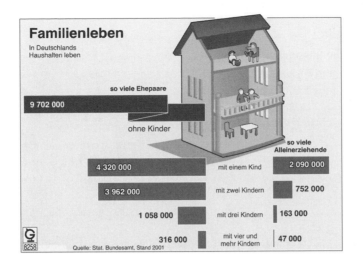

Familienleben

In Deutschlands
Haushalten leben

9 702 000	so viele Ehepaare	
	ohne Kinder	
		so viele Alleinerziehende
4 320 000	mit einem Kind	2 090 000
3 962 000	mit zwei Kindern	752 000
1 058 000	mit drei Kindern	163 000
316 000	mit vier und mehr Kindern	47 000

Quelle: Stat. Bundesamt, Stand 2001

G 8258

zu Seite 24, 3

10 Neue Lebensformen → WORTSCHATZ

a Beschreiben Sie die Zeichnung.

b Ordnen Sie die folgenden „neuen Lebensformen" den Bildern zu.

- [2] Familie mit Hausmann
- [ ] Doppelverdiener-Familie
- [ ] Single
- [ ] alleinerziehende Mutter
- [ ] Patchwork-Familie
- [ ] Familie mit Tagesmutter
- [ ] Wochenend-Familie
- [ ] kinderlose Ehe oder Partnerschaft
- [ ] alleinerziehender Vater

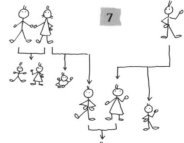

LEKTION 2

zu Seite 25, 4

__11__   Die liebe Familie! → **SPRECHEN**

Ergänzen Sie die passenden Redemittel.

> ... musst du eigentlich immer ... –
> Ich finde es ... – Es kann schon sein ... –
> ... weißt doch ... – Du kannst doch ... –
> Versuch es ... – ehrlich gesagt ... –
> wir sollten ...

● Papa, ... (1) kann ich nicht verstehen, dass du immer vor
dem Computer sitzt.

.... (2) ziemlich unpassend, dass du nicht mal ein Buch liest.

Warum .... (3) spielen?

▲ Tut mir leid. .... (4), dass du sauer bist, aber du .... (5),
wie spannend das ist.

● .... (6) einmal dein Zimmer aufräumen.

.... (7) doch mal.

Außerdem finde ich, ... (8) mehr gemeinsam unternehmen.

zu Seite 25, 4

__12__   Spiel: Ich bin sauer! → **WORTSCHATZ**

Spiel

Arbeiten Sie zu dritt. Person 1 drückt Ärger aus. Person 2
reagiert spontan darauf. Person 3 macht einen Lösungsvorschlag.
Reagieren Sie schnell.

Beispiel:
Person 1: *Ehrlich gesagt, kann ich nicht verstehen, dass du immer zu spät kommst.*
Person 2: *Du weißt doch, dass mein Wecker kaputt ist.*
Person 3: *Kauf dir doch einen neuen.*

zu Seite 27, 4

__13__   Modalverben: Formen → **GRAMMATIK**

Ergänzen Sie die folgende Tabelle.

	müssen		können		dürfen		möchte(n)/wollen		sollen	
	Präsens	Präteritum	Präsens	Präteritum	Präsens	Präteritum	Präsens	Präteritum	Präsens	Präteritum
ich	muss									sollte
du							möchtest willst			
er/sie/es	musste									
wir			können							
ihr					dürft					
sie/Sie										

zu Seite 27, 4

__14__   Modalverben → **GRAMMATIK**

Ergänzen Sie das passende Modalverb im Präsens.

AB 26

ⓐ Ich habe heute Abend keine Zeit. Ich ....*muss*........ für die Prüfung lernen.

ⓑ Am Freitag habe ich einen wichtigen Termin. Den .... ich nicht absagen.

ⓒ Sie ist so krank; sie .... zum Arzt gehen.

ⓓ Meine Kinder .... jeden Abend Monopoly spielen.

ⓔ Oh, ich habe vergessen, die Rechnung zu bezahlen. Das .... ich unbedingt morgen erledigen.

ⓕ Sie .... wieder arbeiten, aber sie findet keine Tagesmutter, die die Kinder betreut. Deshalb .... sie zu Hause bleiben.

ⓖ Nach drei Jahren Erziehungsurlaub .... der Chef den Arbeitnehmer wieder einstellen.

ⓗ Das tut dir nicht gut. Du .... wirklich nicht so viel rauchen.

ⓘ Ich .... Ihnen einen schönen Gruß von meinem Mann sagen.

ⓙ Mein Sohn .... heute länger aufbleiben, weil er morgen keine Schule hat.

ⓚ .... ihr nicht ein bisschen leiser sein? Ich .... arbeiten.

ⓛ .... Sie bitte Herrn Schulze ausrichten, dass ich morgen etwas später komme?

ⓜ Nach 22 Uhr .... man in diesem Mietshaus keinen Lärm mehr machen.

zu Seite 27, 4

15 Herbstmilch → **GRAMMATIK**

Lesen Sie die folgende Inhaltsangabe und ergänzen Sie die passenden Modalverben im Präsens.

HERBSTMILCH

Deutschland 1989 *Regie:* **Joseph Vilsmaier** *Autor:* **Peter Steinbach**
Frei nach den gleichnamigen Lebenserinnerungen der Bäuerin
Anna Wimschneider
Darsteller: **Dana Vavrova, Werner Stocker, Eva Mattes, Renate Grosser**

„Herbstmilch" ist die Lebensgeschichte der Bäuerin Anna Wimschneider aus einem Dorf in Niederbayern. Ihre Mutter stirbt sehr früh und hinterlässt eine neunköpfige Familie. Es ist ganz selbstverständlich, dass die achtjährige Tochter Anna alle Pflichten im Haushalt übernimmt. Sie .... kochen, waschen, putzen, im Stall arbeiten und sich um die Geschwister kümmern, obwohl sie selbst noch ein Kind ist. Sie .... gern Krankenschwester werden, ... das aber nicht, weil Schulbildung nach Meinung des Vaters für Mädchen unwichtig ist. Erst als sie mit achtzehn Albert kennenlernt, scheint ihr Leben wieder einen Sinn zu bekommen. Weil dieser so schöne Geschichten erzählen ...., heiratet sie ihn.

Jedoch ist ihr Leben als Ehefrau auch nicht besser als das bei ihrem Vater. Ihr Ehemann .... drei Tage nach der Hochzeit als Soldat in den Krieg ziehen, und so bleibt Anna allein zurück. Anna .... jetzt in Alberts Familie ebenso hart auf dem Feld arbeiten und leidet unter ihrer Schwiegermutter, die sie tyrannisiert.

Nach der Geburt ihres ersten Kindes .... sie sich nicht um das Kind kümmern, weil sie den ganzen Tag über arbeiten .... Erst nach Kriegsende kehrt Albert zurück, und endlich .... für sie ein anderes Leben beginnen.

Anna Wimschneider hat die Geschichte ursprünglich für ihre Enkel aufgeschrieben. Dann hat ein Verlag sie veröffentlicht. Der Regisseur Vilsmaier, der aus Niederbayern kommt, interessierte sich für den Text, da sein Großvater darin erwähnt wurde. Er verfilmte die Lebenserinnerungen zu einem Stück Zeitgeschichte.

LEKTION 2

zu Seite 27, 4

16   Modalverben im Präteritum → GRAMMATIK

Antworten Sie im Präteritum.

Beispiel: „Was haben Sie gestern gemacht?" (für die Prüfung lernen müssen)
„Ich musste für die Prüfung lernen."

a „Warum bist du gestern nicht zur Party gekommen?" (kranken Sohn nicht alleinlassen können)

b „Du hättest ihm die Wahrheit sagen sollen." (ihm das nicht sagen können),
du weißt, wie sensibel er ist.

c „Ich bin wirklich böse auf dich." Tut mir leid, (das nicht wollen)

d „Warum hast du nicht angerufen?" (anrufen wollen, aber keine Telefonzelle finden können)

e „Wo warst du die letzten zwei Wochen?" (im Bett liegen müssen)

f „Warum sind Ihre Hausaufgaben so schlecht?" (mich nicht konzentrieren können)

g „Warum wolltest du ihn denn überhaupt heiraten?" (ihn wirklich gern mögen)

zu Seite 27, 4

17   Zeitungsmeldungen → LESEN/GRAMMATIK

Kreuzen Sie für jede Nummer unten das passende Modalverb an.

Der liebe Daddy soll viel unternehmen

München – Der „Supervater" für Kinder zwischen acht und zwölf
Jahren (1) lieb und unternehmungslustig sein. Dieses Ergebnis brachte
eine Umfrageaktion der Allgemeinen Ortskrankenkasse (AOK) in
Bayern, an der sich 2000 Kinder in der Altersklasse beteiligten.
77 Prozent (2) einen „lieben Daddy", 69 Prozent (3), dass Papa viel mit
ihnen unternimmt. Dabei (4) der Vater gute Laune haben und Spaß
verstehen (50 Prozent). Was die Kinder überhaupt nicht leiden (5),
ist ein schreiender oder schlagender Vater (44 Prozent).

	A	B	C
1	soll	kann	darf
2	wollen	dürfen	müssen
3	müssen	sollen	möchten
4	möchte	soll	darf
5	können	wollen	möchten

zu Seite 27, 5

18   Beruf oder Kinder? → GRAMMATIK

Ersetzen Sie die kursiv gesetzten Ausdrücke durch Modalverben.
Schreiben Sie den Text noch einmal.
Beginnen Sie so: *Viele Frauen wollen nach der Geburt ...*

Viele Frauen *haben den Plan*, nach der Geburt ihres Kindes wieder
arbeiten zu gehen. Oder aber sie bleiben zu Hause.
Auch Männer *haben die Möglichkeit*, Erziehungsurlaub zu nehmen.
Aber immer noch *haben* sehr wenige Männer *den Wunsch*, das zu tun.
Die meisten *haben die Absicht*, zu arbeiten und Karriere zu machen.
Auf jeden Fall *wäre es ratsam*, dass die Partner gemeinsam über das
Problem diskutieren.
Dann ist es für die Frau nicht automatisch *eine Pflicht*, zu Hause zu
bleiben, sondern für sie *besteht die Chance*, ihren Job auszuüben.

zu Seite 27, 5

19   Lerntipp → **GRAMMATIK**

Lerntipp

Grammatik-Terminologie
Grammatische Strukturen oder Regeln werden normalerweise
mit grammatischen Begriffen formuliert. Deshalb ist es wichtig, die
Bedeutung dieser Begriffe zu kennen.

Lesen Sie das folgende Vorwort zu dem Kinderbuch „Wir pfeifen auf
den Gurkenkönig" von Christine Nöstlinger.

M ein Opa hat gesagt, einer von uns muss die Geschichte
aufschreiben. Und da hat der Opa recht. Martina hat
gesagt, sie wird es tun. Doch alles, was sie bisher getan
hat, war, dass sie einen Stoß rosa Papier und ein grünes Farbband für
die Schreibmaschine gekauft hat. Sie sagt, sie hat mit dem Schreiben
noch nicht begonnen, weil die Gliederung der Geschichte so schwierig ist. Auf die Gliederung einer Geschichte kommt es nämlich an, hat
der Deutschlehrer gesagt. Mir ist die Gliederung wurscht! Und weil
ich jetzt gerade einen Gipsfuß habe und sowieso nicht schwimmen
gehen kann, schreibe ich es halt auf.

Ordnen Sie den Wörtern die grammatischen Begriffe zu.

Beispiel	grammatischer Begriff
Mein	bestimmter Artikel, feminin
Opa	Konnektor, kausal
hat ... gesagt	Modalverb, 3. Person Singular
von	Nomen, Singular, Nominativ
uns	Adjektiv
muss	Präsens, 3. Person Singular
die Geschichte	Perfekt, 3. Person Singular
aufschreiben	Possessivpronomen, 1. Person Singular
weil	Nomen, Singular, Nominativ
die	Präposition
Gliederung	Personalpronomen, 1. Person Plural, Dativ
schwierig	Nomen, Singular, Akkusativergänzung
ist	Infinitiv, trennbares Verb

zu Seite 29, 3

20 Rollenspiel: Tante Ernas Testament → SPRECHEN

a Lesen Sie folgende Situation und verteilen Sie die Rollen.

Die Situation: Tante Erna ist 65 Jahre alt und sehr reich. Obwohl sie noch aktiv und gesund ist, möchte sie jetzt schon ihr Testament machen. Sie legt viel Wert darauf, ihr Erbe fair zu verteilen. Deshalb hat sie ihre Freunde und ihre Familie eingeladen, um mit ihnen gemeinsam das Testament zu schreiben. Alle sind gekommen, und jeder möchte natürlich so viel wie möglich erben.

Gekommen sind:

 Hans: Tante Ernas Sohn, der seit 20 Jahren in den USA wohnt

 **Klaus und Norbert:** Tante Ernas Enkel

 Erika: Tante Ernas Tochter

 Emilie: eine Freundin von Tante Erna, die ihr immer viel geholfen hat

 Katharina: Tante Ernas Schwester, die sich nie besonders mit Erna verstanden hat

 Ein Pastor: Tante Erna hat sich immer für die Kirche engagiert.

 Sabine: eine Cousine, die jedes Jahr mit Erna in Urlaub war

 Marion: eine Nachbarin, die oft zum Kaffeeklatsch vorbeigekommen ist

 Oskar: Ernas (früherer) Liebhaber, erst 50 Jahre alt

 Klara: die Putzfrau, die seit über 25 Jahren bei ihr arbeitet

Tante Erna besitzt:

- ein Haus im Schwarzwald
- zwei wertvolle Gemälde von Rembrandt
- Schmuck im Wert von 50 000 €
- einen Spielsalon in Las Vegas
- ein Motorrad
- einen Papagei
- ein Hotel in Tirol
- eine wertvolle Bibliothek

b Machen Sie nun ein Rollenspiel.

Schritt 1 Vorbereitung: Überlegen Sie sich, was Sie gern erben möchten. Finden Sie gute Argumente, warum Sie ein Recht darauf haben. Machen Sie sich Stichpunkte für die anschließende Diskussion.

Schritt 2 Diskussion: Alle diskutieren über das Testament und tragen ihre Argumente und Gegenargumente vor. Tante Erna leitet die Diskussion. Die Diskussion muss schließlich zu einer Einigung führen. Benutzen Sie bei der Diskussion die folgenden Redemittel.

Zustimmen	Ablehnen
Da bin ich ganz Ihrer/ deiner Meinung.	*Aber das ist doch unfair.*
Stimmt, Sie haben/du hast recht.	*Stellen Sie sich / Stell dir doch mal vor ...*
Es ist am besten, wenn man ...	*Da kann ich Ihnen/dir gar nicht zustimmen.*
	Ich finde das unmöglich, wenn ...

Schritt 3 Das Testament wird geschrieben.

LEKTION 2

zu Seite 31, 4

21 Lerntipp → WORTSCHATZ

a Bilden Sie Komposita. Verbinden Sie die Nomen und ergänzen Sie jeweils den Artikel.

Kinder	Paar	
Ehe	Garten	*der*
Mutter	Jahr	
Erziehungs	Mutter	
Tages	Teil	
Teilzeit	Schutz	
Eltern	Arbeit	

b Erklären Sie die Bedeutung dieser Wörter in ein oder zwei Sätzen.
Beispiel: *der Kindergarten: Eine Institution für Kinder, die noch nicht in die Schule gehen.*

Lerntipp

Einsprachiges Wörterbuch
Schlagen Sie Wörter, die Sie nicht verstehen, nicht sofort in einem zweisprachigen Wörterbuch nach. Benutzen Sie immer zuerst ein deutsch-deutsches Wörterbuch. Die Erklärungen sind meist leicht verständlich.

→ *(maskulin)*
Beispiele: **Kin-der-gar-ten** (m) *Spielschule für noch nicht schulpflichtige Kinder*; Sy Kinderschule (f); → a. Kinderhort *(auch)*
(eine) → *(Synonym)*
Ta-ges-mut-ter *die; ë-e Frau, die während des Tages auf Kinder berufstätiger Frauen aufpasst*

c Schlagen Sie die Komposita aus Aufgabe **a**, die Sie nicht verstanden haben, in einem einsprachigen Wörterbuch nach.

zu Seite 31, 5

22 Reflexive Verben → GRAMMATIK

Ergänzen Sie das passende Reflexivpronomen.

a Tut mir leid, ich kann ......*mir*...... Ihren Namen einfach nicht merken.
b Kannst du .... vorstellen, Hausmann zu sein?
c Ich wünsche .... eine Stereoanlage zum Geburtstag.
d Warum hast du .... nicht vorgestellt? Er kennt dich doch noch gar nicht.
e Du schadest .... nur selbst, wenn du so viel rauchst.
f Ich glaube, er hat .... ein Bein gebrochen.
g Hast du Lust, ... diesen Film anzusehen?
h Sie hat .... tausendmal für das Geschenk bedankt.
i Ich kann es .... nicht leisten, nur zu Hause zu bleiben und nicht zu arbeiten.
j Sie müssen .... mehr um Ihre Kinder kümmern.
k Wir haben .... entschlossen, nächstes Jahr mit der ganzen Familie ans Meer zu fahren.
l Du musst .... endlich entscheiden.
m Ich habe .... vorgenommen, für drei Jahre in Erziehungsurlaub zu gehen.
n Erinnerst du .... an unseren gemeinsamen Urlaub?
o „Wir kommen zu spät." „Ja, ja, ich beeile .... schon."
p Da hast du .... ja mal wieder was Tolles ausgedacht.
q So ein teures Auto kann ich .... nicht leisten.
r Es lohnt .... doch nicht, wenn du .... so aufregst.
s Die Musik ist so laut. Ich kann .... gar nicht auf die Hausaufgaben konzentrieren.

zu Seite 31, 5

_23_ **Reflexivpronomen** → **GRAMMATIK**

Ordnen Sie die Sätze zu und ergänzen Sie das passende Reflexivpronomen.
Beispiel: *Lass dir mal was Neues einfallen.*

	Reflexivpronomen	
a Lass		nichts aus Kleidung.
b Er hat		das vorstellen? Unglaublich!
c Ich traue		mal was Neues einfallen.
d Gib		eine tolle Geschichte ausgedacht.
e Sie macht		das nicht zu.
f Er zeigte		von seiner besten Seite.
g Kannst du		keine Mühe. Es lohnt sich nicht.
h Das lasse ich		nicht länger gefallen.

zu Seite 31, 6

_24_ **Reziproke und reflexive Verben** → **GRAMMATIK**

Welches *sich* kann man durch *einander* ersetzen? Kreuzen Sie an.

		ja	nein
a	Sie lernten sich in einer Disco kennen.	☒	☐
b	Sie schauten sich stundenlang an.	☐	☐
c	Sie verabredeten sich zum Essen.	☐	☐
d	Dort unterhielten sie sich über alles Mögliche.	☐	☐
e	Nach einiger Zeit duzten sie sich.	☐	☐
f	Am nächsten Morgen konnten sie sich an nichts erinnern.	☐	☐
g	Sie entschuldigten sich für das Missverständnis.	☐	☐
h	Sie sind Freunde geblieben und verstehen sich immer noch gut.	☐	☐
i	Jedes Jahr zu Weihnachten schreiben sie sich eine Postkarte.	☐	☐

<table>
<tr><td>1
LERNER-CD 5</td><td></td></tr>
</table>

1
LERNER-CD 5

Gedicht

a Hören Sie das folgende Gedicht von Erich Fried zuerst einmal,
ohne es zu lesen.

**Freie Wahl mit guten Vorsätzen
am Beispiel üste**

Die üste hat die freie Wahl:
Wenn sie ein W wählt, bleibt sie kahl.
Wenn sie ein K wählt, wird sie nass –
Die freie Wahl macht keinen Spaß.

b Hören Sie das Gedicht noch einmal. Lesen Sie es laut.

c Wie heißen die beiden Wörter mit „üste"?

2
LERNER-CD 6

Wortpaare *u – ü*

Sie hören jetzt einige Wortpaare. Ergänzen Sie das zweite Wort des Paares.

u – ü	ü – u
Wunsch – *Wünsche*	Grüße – *Gruß*
wusste –	für –
durfte –	Schüler –
musste –	natürlich –
nutzen –	künstlich –

3
LERNER-CD 7

i oder *ü*?

a Welches Wort hören Sie? Kreuzen Sie an.

☐ Lüste	☒ Liste	☐ Küche	☐ Kirche
☐ für	☐ vier	☐ küssen	☐ Kissen
☐ Gefühl	☐ gefiel	☐ Tür	☐ Tier
☐ Glück	☐ Klick	☐ spülen	☐ spielen
☐ Flüge	☐ Fliege	☐ Wüsten	☐ wissen
☐ lügen	☐ liegen	☐ Gerücht	☐ Gericht

b Bilden Sie einen Satz mit diesen Wörtern: *vier – Gerücht – fliegen – Wüste*.
Schreiben Sie den Satz auf einen Zettel und geben Sie den Zettel weiter an
Ihre Lernpartnerin / Ihren Lernpartner. Diese/Dieser liest den Satz laut vor.

4
LERNER-CD 8

Schriftsteller

Hören Sie die Namen und ergänzen Sie *ü – u* oder *i – ie*.

Franz F..*ü*.hmann	G.....nter Grass
G.....nter K.....nert	S.....gfried Lenz
Fr.....drich D.....rrenmatt	Die Br.....der Gr.....mm
Max Fr.....sch	Friedrich Sch.....ller
Rainer Maria R.....lke	

5
LERNER-CD 9

u – ü oder *i – ie* ?

Sprechen Sie die folgenden Sätze nach.

■ Ich habe das Gefühl, er hat immer viel Glück in der Liebe.
■ Die Büsche blühen auch im Winter.
■ Viel Vergnügen auf der Insel in der Karibik!
■ Auf dem Küchentisch liegen viele Süßigkeiten.
■ Sie hat ein bildhübsches Gesicht.

Lernkontrolle: Was haben Sie in diesem Kapitel gelernt?

Kreuzen Sie an.

Ich kann ...

| **Lesen** | ☐ ... ein gedrucktes Interview zum Thema *Lebensplanung von Frauen* global verstehen. |
| | ☐ ... einer Informationsbroschüre des Familienministeriums entnehmen, welche staatlichen Hilfen Eltern in Deutschland erhalten. |

| **Hören** | ☐ ... einem Gespräch mit einer vierköpfigen deutschen Familie über ihren Alltag Hauptaussagen und Einzelheiten entnehmen. |

| **Schreiben – Produktion** | ☐ ... Informationen aus einem Schaubild mithilfe von Redemitteln schriftlich festhalten. |

| **Schreiben – Interaktion** | ☐ ... Anweisungen für Familienmitglieder nach Stichpunkten verfassen und erklären, was zu tun ist. |
| | ☐ ... in einer Debatte Argumente für oder gegen die Wahl eines Familiennamens anbringen und auf die Argumente anderer reagieren. |

| **Sprechen – Produktion** | ☐ ... einer Grafik über die Lebensformen junger Menschen Informationen entnehmen und die dargestellte Situation mit meinem Heimatland vergleichen. |
| | ☐ ... über Bedeutung, Häufigkeit und Herkunft von Vor- und Familiennamen in der Heimat informieren. |

| **Sprechen – Interaktion** | ☐ ... mich im Gespräch mit anderen über die Lebensformen junger Menschen in unseren Heimatländern austauschen und meine Meinung dazu äußern. |
| | ☐ ... am Telefon Unverständnis oder Ärger über eine Situation oder eine Person äußern bzw. auf die Wut des anderen reagieren. |

| **Wortschatz** | ☐ ... Nomen, Verben, Adjektive und idiomatische Wendungen zum Wortfeld *Menschliche Beziehungen* sicher einsetzen. |

| **Grammatik** | ☐ ... die Modalverben in verschiedenen Bedeutungen richtig verwenden. |
| | ☐ ... reflexive und reziproke Verben richtig verwenden. |

Sprechen Sie mit Ihrer Kursleiterin / Ihrem Kursleiter über Tipps zum Weiterlernen.

Verben

anzünden

einladen zu + *Dat.*

feiern

hinweisen auf + *Akk.*

jammern

plaudern

schmücken

sich verabreden mit + *Dat.*

sich verkleiden

sich verwandeln in + *Akk.*

sorgen für + *Akk.*

stattfinden

tanzen

trösten

Nomen

der Advent

der Anlass, ⸚e

der Besucher, -

der Brauch, ⸚e

das Christkind

die/der Einheimische, -n

die Einladung, -en

der Fasching

die Fastnacht

die Feier, -n

der Feiertag, -e

das Fest, -e

das Feuerwerk, -e

der Geburtstag, -e

die Gemütlichkeit

das Geschenk, -e

die Hochzeit, -en

die Jahreszeit, -en

der Karneval

das Karussell, -s

die Maske, -n

der Maskenball, ⸚e

Neujahr

der Nikolaus, -e

die Nostalgie

das Oktoberfest, -e

das Osterei, -er

der Osterhase, -n

Ostern, -

die Party, -s

Pfingsten, -

das Plätzchen, -

die Rakete, -n

Silvester, -

der Stellenwert

die Süßigkeit, -en

die Trauerfeier, -n

die Überraschung, -en

das Volksfest, -e

Weihnachten, -

der Weihnachtsbaum, ⸚e

Adjektive/Adverbien

ausgebucht

locker

lustig

sanft

trist

verrückt

zwanghaft

Konnektoren

als

bevor

bis

nachdem

seitdem

sobald

während

wenn

Ausdrücke

die Post geht ab

eine Anzeige aufgeben

einen Konflikt entschärfen

in Atem halten

in die Offensive gehen

sich dem Ende zuneigen

Stil haben

unter Kontrolle bringen

__1__   **Rund ums Feiern** → **WORTSCHATZ**

Welches Verb passt? Ordnen Sie zu.

< feiern – tanzen – anzünden – mitbringen – vorbereiten – verkleiden – einladen – abschicken – verabreden – schmücken

das Feuerwerk ....*anzünden*............

zum Geburtstag ....

auf einer Party ....

sich für den Maskenball ....

den Weihnachtsbaum ....

eine Hochzeit ....*feiern*..............

ein Geschenk ....

eine Einladung ....

sich mit einer Freundin ....

eine Überraschung ....

3

zu Seite 34, 4

__2__   Lückentext → HÖREN/WORTSCHATZ

Lesen Sie die Transkription einer Passage aus dem Hörtext zu Kursbuch
Seite 34. Setzen Sie die folgenden Wörter in den Text ein.

Büfett – eingeladen – Fest – Feiern – Freundeskreis – Freunde –
Gäste – Geburtstag – gefeiert – getanzt – Party

Moderator: Lassen Sie uns jetzt übers .... *Feiern* .... sprechen: Was war das
schönste ...., das Sie je gefeiert haben, Frau Weber?
Frau Weber: Da muss ich mal überlegen. Hm, also die ...., die ich
zu meinem 25. .... gemacht habe, also die war wirklich klasse. Da
habe ich 100 Leute ...., ... haben wir im Garten meiner Eltern, also ein
richtiges Gartenfest. Das Wetter hat auch mitgemacht, und alle Freunde haben was zum
Essen mitgebracht, ein richtiges Wahnsinns-............................... mit allem Drum
und Dran. Dann hatten wir auch Livemusik, eine ganz tolle Band, Freunde von mir, die
konnten alles spielen, vom Walzer bis zu Techno ... Wir haben ...., die
ganze Nacht, und am Morgen sind dann die letzten ...., also die,
die noch übrig waren, da sind wir noch mit dreißig Leuten zum Schwimmen in den Bag-
gersee gegangen ... bei Sonnenaufgang ... das war romantisch.
Moderator: Sie haben also einen großen ....?
Frau Weber: Oh, einen sehr großen. Mir sind meine .... sehr wichtig,
und wir feiern auch alle gern.

zu Seite 34, 5

__3__   Textpuzzle: Geburtstagsparty → LESEN

Lesen Sie den folgenden Text aus einem Jugendmagazin und bringen
Sie die Textabschnitte in die richtige Reihenfolge. Achten Sie dabei auf
die unterstrichenen Wörter.

1	2	3	4	5	6	7	8	9
D								

Geburtstagsparty – einmal ganz anders

A Der gemeinsame Kinobesuch ist <u>ebenfalls</u> nicht mehr so beliebt.

B <u>Die Gäste</u> werden nicht nach Hause zu Kaffee und Kuchen und auch nicht zum „Fast Food" ins Restaurant eingeladen.

C In Hannover spielt man <u>beispielsweise</u> „Steinzeit". Die jungen Gäste können sehen, wie man ganz früher lebte, und z.B. alte Geräte selbst ausprobieren. Manche Jugendliche kommen auch mit speziellen Wünschen. So möchten sie Collagen oder selbst gemalte Bilder aus dem Museum <u>mit nach Hause neh-men</u>.

D Bei Kindern und Jugendlichen in Deutschland wird es immer beliebter, den Geburtstag einmal anders zu feiern.

E <u>Wer</u> seinen Freunden etwas ganz Neues bieten will, geht mit ihnen ins Museum. Das ist allerdings meist nur in größeren Städten möglich.

F <u>Aber nicht nur in Hannover</u>, auch in einem Museum in Konstanz ist man auf junge Geburtstagsgäste gut vorbereitet.

G <u>Dort</u> gibt es ein großes Angebot für verschiedene Altersgruppen, zum Beispiel <u>Denk- und Ratespiele</u>.

H Für die Eltern ist die Überraschung groß, wenn sie nach der Feier im Kinderzimmer <u>die Werke der kleinen Künstler</u> bewundern können.

I Natürlich winken <u>den Gewinnern</u> - wie könnte es auf einem Kindergeburtstag anders sein - lustige Preise.

LEKTION 3

zu Seite 35, 2

__4__ Wünsche – Glückwünsche → SPRECHEN/WORTSCHATZ

Schreiben Sie die Sätze zum Bild.
Manchmal sind mehrere Glückwünsche möglich.

> Amüsier dich gut! – Ein gutes neues Jahr! – Ein glückliches neues Jahr! –
> Frohes Fest! – Fröhliche Ostern! – Herzlichen Glückwunsch zu …! –
> Prost Neujahr! – Viel Glück! – Viel Spaß! – Viel Vergnügen! –
> (Ich wünsche dir/Ihnen) alles Gute! – Frohe Weihnachten!

Frohe Weihnachten!

zu Seite 37, 2

__5__ Lerntipp → LESEN

Lerntipp

Hauptinformationen im Text
Um beim ersten Lesen die Hauptinformationen aus einem Text heraus-
zufinden, versuchen Sie zuerst nur die W-Fragen *Wer? Wo? Was?*
Wann? Warum? zu beantworten.

Lesen Sie die folgende Zeitungsmeldung.
Unterstreichen Sie die Hauptinformationen und schreiben Sie neben
den Text, welche W-Fragen beantwortet werden.

Wer? **Alfred Bauer in der Dahner Land-**
hausstraße feierte gestern seinen
103. Geburtstag.
Der Jubilar kann auf ein erfülltes
Leben zurückblicken. Er ist zufrieden, dass er gesundheitlich wohlauf ist. Auf die Frage, wie er so alt
wurde, antwortete er: „Kein Stress,
und was ganz wichtig ist: jeden
Tag ein Gläschen Wein." Mit dem
Rauchen hat er jedoch vor fünf
Jahren aufgehört. Herr Bauer liest
noch täglich die Zeitung und hört
gern Musik. Der Jubilar wird von
seiner Familie umsorgt, und rechtzeitig zu seinem Geburtstag wurde sein 20. Urenkelkind geboren.
Er feierte mit seinen beiden Ge-
schwistern und den Familien seiner
Kinder.

zu Seite 37, 3

Spiel

__6__ Lügengeschichten → SPRECHEN

Überlegen Sie sich eine unglaubliche Geschichte aus Ihrem Leben oder
eine erstaunliche Geschichte, die Sie vielleicht irgendwo einmal gelesen
haben. Oder denken Sie sich einfach eine Geschichte aus. Erzählen Sie
die Geschichte der Klasse lebhaft und überzeugend. Diese muss raten,
ob Sie die Geschichte wirklich erlebt haben oder ob Sie sie erfunden
haben. Dazu dürfen Ihre Lernpartner/innen am Ende auch viele Fragen
stellen, auf die Sie antworten müssen.

Lösung zu Aufgabe 3 in Ihrem Kursbuch auf Seite 37: Wahr sind die
Meldungen „Tierische Ostern" und „Weihnachtsfeuertage".

LEKTION 3

zu Seite 37, 6

__7__   *Als* oder *wenn*? → **GRAMMATIK**

Ergänzen Sie *als* oder *wenn*.

a ....*Als*.................. meine Großmutter noch lebte, waren die Weihnachtsfeste
wirklich schön.

b .... ich noch Student war, ging ich immer gern auf Faschingspartys.

c Aber .... ich heute auf einer Fete bin, dann langweile ich mich meistens.

d Anfangs, ... ich nach Deutschland kam, musste ich mich
erst an das Essen gewöhnen.

e Früher liebte ich meinen Geburtstag. Aber .... ich dann älter wurde,
hat es mir keinen Spaß mehr gemacht zu feiern.

f Sie wurde meistens rot, ... sie vor einer Gruppe sprechen musste.

g .... ich Kind war, wollte ich an Silvester immer bis Mitternacht wach bleiben.

h Ich rufe dich an, ... ich wieder zurück bin.

i Er vergaß sogar die Ringe, ... wir heirateten.

j Unsere Familie hat sich immer nur getroffen, ... es etwas zu feiern gab.

k Ich habe auch immer Pech. Immer .... ich euch besuchen will, seid ihr nicht
zu Hause.

zu Seite 37, 6

__8__   **Nebensätze mit** *als* **und** *wenn* → **GRAMMATIK**

Bilden Sie Sätze mit *als* oder *wenn* in der Vergangenheit.

a noch nicht verheiratet sein – viel reisen
Als ich noch nicht verheiratet war, reiste ich viel.

b im Sommer – Großeltern besuchen – sich jedes Mal freuen

c jünger sein – viel in die Disco gehen

d das erste Mal verliebt sein – nichts essen können

e Nicola 25. Geburtstag feiern – Ralf kennenlernen

f in Urlaub fahren – jedes Mal viele Souvenirs mitbringen

g alle Gäste schon gehen – Daniel immer noch sitzen bleiben

zu Seite 37, 7

__9__   **Temporale Konnektoren** → **GRAMMATIK**

Kreuzen Sie den richtigen Konnektor an.

a .... ich den Vertrag unterschreibe, möchte ich ihn noch einmal in Ruhe durchlesen.
☒ bevor   ☐ als   ☐ während

b .... er das Theater erreicht hatte, fing es an zu regnen.
☐ wenn   ☐ nachdem   ☐ während

c Denk daran, dass du noch anrufen musst, ... du gehst.
☐ sobald   ☐ wenn   ☐ bevor

d Immer .... wir auf einem Campingplatz Urlaub machten, lernten wir viele Leute kennen.
☐ als   ☐ wenn   ☐ nachdem

e .... du dich an den Tisch setzt, wasch dir bitte die Hände.
☐ sobald   ☐ während   ☐ bevor

f .... er einen Computer hat, interessiert er sich für nichts anderes mehr.
☐ sobald   ☐ als   ☐ seitdem

g Ich werde dich besuchen, ... ich wieder mehr Zeit habe.
☐ bevor   ☐ sobald   ☐ während

h Kannst du warten, ... ich fertig bin?
☐ seitdem   ☐ wenn   ☐ bis

LEKTION 3

zu Seite 37, 7

10 Temporalsätze → GRAMMATIK

Ergänzen Sie die Sätze frei.

a Während ich den Weihnachtsbaum schmücke, ...

b Als wir deinen letzten Geburtstag feierten, ...

c Ich warte auf dich, bis ....

d Wenn wir das nächste Mal ein Silvesterfest machen, ...

e Seitdem ich in Deutschland bin, ...

f Sobald ich mehr Geld habe, ...

g Die Polizei nahm ihn fest, nachdem ....

h Wenn ich das nächste Mal in Urlaub fahre, ...

i Erinnerst du dich noch an den Tag, als ....

j Bevor ich heirate, ...

zu Seite 38, 3

11 Formelle Telefongespräche → SPRECHEN/WORTSCHATZ

a Ordnen Sie die Redemittel ein.

Ich denke, das lässt sich machen. – Wir dachten, Sie könnten vielleicht ... – Ich melde mich bei Ihnen ... – Es wäre schön, wenn Sie ... – Wie viel / Was wäre das dann? – Ja, so machen wir es. – Und was könnten wir da beitragen? – Einen schönen guten Morgen. Hier spricht ... – Leider sieht es ... nicht so gut aus. – Schön, mal wieder von Ihnen zu hören. – Ach, Herr ..., das wäre wirklich schön. – Schon lange nichts mehr von Ihnen gehört. – Schön, dass Sie anrufen. – Machen wir es doch einfach so: ... – Wir hören voneinander. – Dürfte ich Sie etwas fragen? – Was kann ich für Sie tun?

jemanden höflich begrüßen	*Einen schönen guten Morgen. Hier spricht ...*
vorsichtig fragen/bitten	
nachfragen	
vorsichtig zustimmen/zusagen	*Ich denke, das lässt sich machen. ...*
vorsichtig ablehnen	
sich bedanken / Hilfe höflich annehmen	
bestätigen und sich verabschieden	

b Ergänzen Sie den Dialog.

das lässt sich machen. – Könnten Sie vielleicht – wäre wirklich schön. – melde mich noch mal bei Ihnen. – Wir hören voneinander – Schön, mal wieder von Ihnen zu hören – Wir dachten, Sie könnten vielleicht

■ Schönen guten Tag, Frau Sänger. ....! Was kann ich für Sie tun?

● Also, wir haben doch bald unseren Betriebsausflug. ....
.... bei der Organisation helfen.

■ Ja, gern. Was können wir dazu beitragen?

● .... den Bus organisieren?

■ Na klar, kein Problem. Ich denke, ...

● Wirklich? Das ....

■ Und bis wann soll ich mich darum kümmern? Wann ist denn der Ausflug?

● Am 15. Juni. Aber ich ....

■ Okay. So machen wir das. .... und besprechen dann alles genauer. Auf Wiederhören.

LEKTION 3

zu Seite 39, 2

12 Temporale Präpositionen → GRAMMATIK

Wie lautet die Regel? Ergänzen Sie die Präpositionen (+ Kasus) in dem Kasten.
Fügen Sie Beispiele aus den Texten im Kursbuch Seite 39 hinzu oder formulieren Sie
selbst ein Beispiel.

Präposition	Gebrauch	Beispiel
an + Dat.	Tageszeit (Achtung: <u>in</u> der Nacht) Tag Datum Feiertag	*am Nachmittag* *am Donnerstag*
........+........	Nacht Woche Monat Jahreszeit Jahrhundert längerer Zeitraum	
........+........	Uhrzeit	
........+........	ungefährer Zeitpunkt	

zu Seite 39, 2

13 Temporale Präpositionen → GRAMMATIK

Ergänzen Sie die Präpositionen.

a Die Party findet ......*am*...... Samstag .... 20 Uhr statt.
b Er machte mir .... 1. April einen Heiratsantrag.
c Letztes Jahr hatten wir .... Winter Temperaturen um die –15° C.
d Er kommt .... Dienstagnachmittag.
e Dieses Jahr fahren wir .... August in Urlaub.
f .... der Weihnachtszeit treffen sich alle Verwandten.
g Du kannst so .... 16 Uhr kommen. Ich bin auf jeden Fall zu Hause.
h .... zweiten Samstag .... Juni sind wir auf eine Party eingeladen.
i .... 6. Januar, dem Dreikönigstag, verkleiden sich manche Kinder.
j .... dem Essen trinke ich meistens einen Kaffee.
k Ich fahre .... Wochenende nach Heidelberg.
l .... des letzten Oktoberfestes hat er kaum geschlafen.
m Ich komme so .... elf Uhr, spätestens .... 11.30 Uhr bin
ich bei dir.
n Helmut macht jedes Jahr .... der Fastenzeit eine Diät.
o Wir stoßen .... 24 Uhr auf deinen Geburtstag an.
p .... Neujahrsmorgen waren natürlich alle müde vom langen Feiern.

zu Seite 39, 2

14 Temporale Adverbien → GRAMMATIK

Ordnen Sie folgende Adverbien ein. Es gibt mehrere Möglichkeiten.

gestern – heute – morgen – bald – vorhin – früher – damals –
jetzt/nun – nachher – neulich – sofort/gleich – gerade – bisher – später

Vergangenheit	Gegenwart	Zukunft
gestern	*heute*	*morgen*

LEKTION 3

zu Seite 39, 2

15 Temporale Adverbien ergänzen → GRAMMATIK

Ergänzen Sie ein passendes Temporaladverb aus der Liste in Aufgabe 14.

a Bitte warten Sie eine Sekunde. Ich komme ....*gleich*........ wieder.

b Wie siehst du denn aus? – Ich war .... beim Friseur.

c Wo sind denn meine Ohrringe? Die lagen doch .... noch auf dem Tisch.

d Ich erkläre dir das .... , wenn du älter bist.

e Du brauchst es nicht .... zu machen. Mach es lieber ...., morgen oder am Wochenende.

f Ich habe ihn .... in der U-Bahn getroffen. Ich glaube, es war letzte Woche.

g Beeil dich. Sie müsste .... kommen.

h ...., als es noch kein Fernsehen gab, war alles besser.

zu Seite 39, 2

16 Wie oft? → GRAMMATIK

Ordnen Sie in der Skala ein.

meistens – selten – oft/häufig – fast immer – manchmal / ab und zu – öfters – fast nie

immer
fast immer
....
....
....
....
....
niemals/nie

zu Seite 39, 3

17 Eine Einladung annehmen → SCHREIBEN

Ihre Freunde haben ein Baby bekommen und möchten Sie zur Taufe einladen. Sie freuen sich sehr über die Einladung und sagen zu. Lesen Sie den Brief durch und markieren Sie, ob die unterstrichenen Wörter richtig oder falsch sind.

	richtig	falsch
Liebe Laura und Jan,	☐	☒
vielen Dank für Deine nette Einladung!	☐	☐
Ich habe mich riesig gefreut. Klar, dass ich komme! Das lasse ich	☐	☐
mir doch nicht entgehen. Ich möchte doch gern sehen, wie Euer	☐	☐
Sprössling aussieht. Nur eine Frage: Was könnte ich denn Euren Kleinen	☐	☐
schenken? Ich weiß, wie ist das. Man bekommt so viele Geschenke,	☐	☐
die überflüssig sind.	☐	☐
Deshalb wäre ich froh, wenn Ihr einen ganz besonderen	☐	☐
Wunsch äußern würdet. Ich freue mich sehr über das Fest und	☐	☐
gratuliere Euch von ganzem Herzen zur Geburt und wünsche	☐	☐
Euch dreien viel Gesund.	☐	☐
Einen dicken Kuss von den kleinen Süßen.	☐	☐
Wir sehen uns dann im Fest.	☐	☐

Eure Konstanze

LEKTION 3

zu Seite 39, 3

18 Eine Einladung ablehnen → SCHREIBEN

a Lesen Sie folgende Einladung.

> **Juhu, endlich ist es geschafft:**
>
> Die Kisten sind (fast) ausgepackt! Jetzt wird's aber Zeit, die neue Wohnung einzuweihen! Und deshalb machen wir am Samstag, den
>
> **25. Juni, um 19.30 Uhr**
> **ein großes Fest**.
>
> Dazu laden wir Euch ganz herzlich ein. Wir freuen uns sehr auf Euch. Es wäre nett, wenn Ihr eine Kleinigkeit zum Essen mitbringen könntet. Für Getränke ist gesorgt. Ruft bitte an oder schreibt kurz, ob Ihr kommen könnt. Nicht vergessen: neue Adresse und neue Telefonnummer: Baaderstr. 36, 80469 München, Tel. 14 67 96.

b Lesen Sie den Antwortbrief und kreuzen Sie für jede Lücke die richtige Antwort an.

> Meine Lieben,
> es ist wirklich nett von Euch, dass Ihr mich zu Eurem (1) eingeladen habt. Ich würde ja (2) kommen, aber ich muss leider (3). Genau an diesem Wochenende bin ich nämlich in Urlaub. Und den habe ich schon (4) Langem gebucht. So ein (5). Ich bin wirklich (6). Schade! Dabei hätte ich so gern Eure neue Wohnung und natürlich vor allem Euch gesehen. Aber so ist es nun mal. Aber sobald ich aus dem Urlaub zurück bin, werde ich Euch (7). Dann können wir ja eine Flasche Sekt auf Eure neue Wohnung trinken.
> Ich wünsche Euch (8).
>
> Hoffentlich bis bald
> eure Silvi

1 ☐ Hochzeit	☐ Eröffnungsparty	☒ Einweihungsfest
2 ☐ gern	☐ nicht	☐ bald
3 ☐ verschieben	☐ absagen	☐ zusagen
4 ☐ vor	☐ für	☐ so
5 ☐ Glück	☐ Zufall	☐ Pech
6 ☐ ermüdet	☐ traurig	☐ erstaunt
7 ☐ besichtigen	☐ besuchen	☐ belästigen
8 ☐ alles Gute für das kommende Lebensjahr	☐ viel Gesundheit	☐ viel Spaß bei Eurer Party

zu Seite 40, 3

19 Das Oktoberfest → GRAMMATIK

Lesen Sie den Text und ergänzen Sie die Präpositionen.

< am – am – gegen – ~~im~~ – im – in – in – nach – um – um – während

Das Oktoberfest findet einmal ....*im*.......... Jahr auf der Theresienwiese statt und erinnert an das Hochzeitsfest von König Ludwig I. mit Prinzessin Therese von Sachsen-Hildburghausen .... Jahr 1810.

Es beginnt .... der vorletzten Septemberwoche und endet .... ersten Oktobersonntag. Die Bierzelte öffnen täglich .... elf Uhr und schließen .... 23 Uhr. ....

ersten Samstag ziehen die Festwirte mit den Bierwagen auf dem Fest-
platz ein. .... dem Fassanstich .... zwölf Uhr, der im
Fernsehen übertragen wird, geht der Rummel los.

Das Oktoberfest gilt als das größte Volksfest der Welt. Jährlich kommen
mehr als sechs Millionen Besucher auf die Theresienwiese. Die Münchner Hotels sind .... dieser Zeit meist ausgebucht.

Auch der Bierkonsum erreicht Jahr für Jahr neue Rekorde. ....
des letzten Oktoberfests wurden fast sieben Millionen Liter Bier getrunken, 500 000 gebratene Hühner, 102 ganze Ochsen und 43 000 „Schweins-
haxen" verzehrt.

zu Seite 41, 4

20 Familienfeiern in meinem Land → LESEN/SCHREIBEN

a Lesen Sie die folgenden Meinungen zum Thema *Wie feiert meine
Familie?* Wer sagt was? Ergänzen Sie die Namen.
Manchmal passen mehrere Personen.

1 Bei unseren Festen sind alle herzlich willkommen.
2 Ich finde unsere Feste eher langweilig.
3 Für mich ist Tradition sehr wichtig.
4 Ich finde es toll, dass Alt und Jung zusammen feiern.
5 Wir amüsieren uns die ganze Nacht.
6 Unsere Feste dauern oft mehrere Tage lang.
7 In unserer Familie wird sehr selten gefeiert.
8 Für mich sind Familienfeiern sehr wichtig.
9 Mein Lieblingsfest ist im Sommer.

Wer sagt was?

Medhat

Ich muss feststellen, dass wir in un-
serer Familie ziemlich wenig feiern.
Eigentlich nur Weihnachten, Ge-
burtstage und natürlich außerge-
wöhnliche Ereignisse wie Konfir-
mation und mein Abitur. An Ostern,
Pfingsten usw. wird nicht gefeiert.
Ich muss gestehen, dass ich auf
Familienfeste gut verzichten kann.
Lars, Dänemark

Wir feiern das „Mittsommer-Fest"
am vorletzten Samstag im Juni.
Dann bleibt niemand zu Hause,
sondern alle fahren auf irgendeine
Hütte auf dem Land. Wir entzün-
den dann ein Johannisfeuer, und
alle tanzen um das Feuer herum.
An diesem Tag geht die Sonne
nicht unter, und wir tanzen bis
zum Morgen. Das ist wirklich toll.
Heta, Finnland

Für mich spielen Familienfeste eine
große Rolle. Normalerweise sehen
wir uns alle an Weihnachten,
Ostern oder zu Hochzeiten. Ich finde es schön, wenn verschiedene Ge-
nerationen zusammen sind und
viel Spaß haben. Aber seit meine
Großmutter gestorben ist, hat sich
viel geändert. Jetzt ist alles nicht
mehr so wie früher. *Laura, Italien*

Das jakutische Sommerfest wird zu
Beginn des Sommers gefeiert. Auf
einer festlich geschmückten Wiese
versammeln sich alle Einwohner
des Dorfes. Wir tragen Trachten
und essen ganz bestimmte Speisen.
Es gibt auch ein spezielles Getränk.
Nach diesem Fest beginnt die Bau-
ernarbeit auf den Feldern. Ich finde
es ganz wichtig, dass ich es mit
meiner Familie und Freunden feiern kann. *Sardana, Nordostsibirien*

Außer dem Fest, das am Ende des
Fastenmonats Ramadan ist, sind
bei uns Hochzeiten sehr wichtig.
Das ist ein großes Ereignis nicht
nur für das Brautpaar, sondern
auch für die ganze Familie. Die
meisten heiraten im Juli oder
August, also dann, wenn es am
heißesten ist. Wir feiern mindestens drei Tage lang, manchmal
auch länger. Zu der Feier kommen
mindestens 150 Personen, bei vielen Familien bis zu 300. Ich kenne
oft gar nicht alle Leute. Jeder kann
kommen und kommt auch – Nachbarn, Freunde. Nicht wie in Deutschland, wo man eingeladen sein
muss. Alle tanzen und singen und
amüsieren sich. *Medhat, Tunesien*

b Schreiben Sie über ein typisches Familienfest in Ihrem Land.

zu Seite 41, 4

21   Karikatur → **SCHREIBEN**

Sehen Sie sich die Karikatur an und schreiben
Sie eine lustige, ernste oder spannende Geschichte.
Benutzen Sie folgende Wörter.

Anfangs / Am Anfang – aber dann – plötzlich –
danach – schließlich – Stell dir vor ... – am Ende

Beginnen Sie so: *Letzte Woche war ich bei Klaus*
auf einer Party eingeladen. ...

zu Seite 42, 2

22   Temporale Präpositionen → **GRAMMATIK**

Kreuzen Sie an.

a In welchem Jahr habt ihr denn geheiratet? .... 1995.
☐ im   ☐ am   ☒ – –

b Was? Der Zug ist schon angekommen? Ja, ... 15 Minuten.
☐ seit   ☐ vor   ☐ nach

c ▲ Ich habe das ganze Wochenende versucht, dich anzurufen.
● Tut mir leid, ich war das ganze Wochenende .... weg.
☐ während   ☐ über   ☐ bis

d Einen Moment noch. Ich bin .... fünf Minuten fertig.
☐ in   ☐ nach   ☐ gleich

e Die meisten Leute arbeiten .... Weihnachten und Neujahr nicht.
☐ nach   ☐ zwischen   ☐ innerhalb

f Er ist ein Partymuffel, aber erst .... ein paar Jahren.
☐ während   ☐ seit   ☐ vor

g Ich gebe dir das Geld .... nächste Woche zurück.
☐ in der   ☐ – –   ☐ innerhalb

h Wir sind .... Wochenende zum Surfen gefahren.
☐ an   ☐ übers   ☐ im

i Er arbeitet oft .... tief in die Nacht.
☐ in der   ☐ bis   ☐ während

j Die Einladung kam .... zwei Tagen an.
☐ vor   ☐ seit   ☐ innerhalb

k Die Praxis ist .... 10. .... 24. März geschlossen.
☐ vom ... bis zum   ☐ von ... an   ☐ ab ... zu

l Ich komme ungefähr .... zwei Wochen zurück.
☐ gegen   ☐ in   ☐ um

m Das Gemälde stammt .... dem 19. Jahrhundert.
☐ von   ☐ aus   ☐ in

n Erich Kästner wurde so .... 1900 geboren.
☐ gegen   ☐ um   ☐ im

o Sie dürfen .... des Starts und der Landung nicht rauchen.
☐ nach   ☐ vor   ☐ während

p Sie müssen das Formular .... einer Woche ausfüllen.
☐ innerhalb   ☐ außerhalb   ☐ vor

q Sie geht .... ein Jahr ins Ausland.
☐ bis   ☐ nach   ☐ für

AB 44

LERNER-CD 10

1   Gedicht

a Lesen Sie das Gedicht.

Achterbahnträume

8
W8soldaten
bew8en
W8eln in Sch8eln
und l8en:
„Auf der W8,
um Mittern8,
werden Feuer entf8
und die W8eln geschl8et.
Wir haben lange genug geschm8et."

„8ung",
d8en die W8eln,
„wir öffnen mit Sp8eln
die Sch8eln,
denn der Verd8,
dass man uns hinm8,
ist angebr8",
und entflogen s8,
abends um
8.

b Hören Sie jetzt das Gedicht, ohne es mitzulesen, und machen Sie auf einem separaten Blatt jedes Mal, wenn Sie in einem Wort „acht" hören, einen Strich. Vergleichen Sie dann im Kurs: Wie viele Striche haben Sie gemacht?

c Sammeln Sie gemeinsam im Kurs weitere Wörter, in denen „-acht-" vorkommt.

LERNER-CD 11

2   Die Laute *CH* (ach) und *ch* (ich)

Welchen Laut hören Sie? Kreuzen Sie an.
Das *CH* wird hinten gesprochen. Das *ch* wird vorne gesprochen.

	CH klingt wie in *ach*	*ch* klingt wie in *ich*
Weihnachten	☐	☐
Wächter	☐	☐
nichts	☐	☐
Besucher	☐	☐
Bücher	☐	☐
Hochzeit	☐	☐
Töchter	☐	☐
Brauch	☐	☐
Bräuche	☐	☐
leuchten	☐	☐
leicht	☐	☐
welche	☐	☐
Buch	☐	☐

3   Regeln zur Unterscheidung der Laute *CH* und *ch*

Kreuzen Sie an.

	CH klingt wie in *ach*	*ch* klingt wie in *ich*
a Nach Vokalen wie *e, i, ei, eu*:	☐	☐
b Nach Vokalen wie *a, o, u, au*:	☐	☐
c Nach Umlauten wie *ä, ö, ü*:	☐	☐

LERNER-CD 12

4   Wortpaare *sch – ch*

Hören Sie die folgenden Wortpaare und sprechen Sie sie nach.

seelisch	selig	Kirsche	Kirche	Büsche	Bücher	löschen	Löcher
herrschen	Herrchen	Gischt	Gicht	Tisch	dich	Fische	Fichte
Menschen	Männchen	wischen	wichen	mischen	mich	wünschen	München

Lernkontrolle: Was haben Sie in diesem Kapitel gelernt?

Kreuzen Sie an.

Ich kann ...

Lesen

☐ ... Zeitungsmeldungen zum Thema *Feste* verstehen und darüber spekulieren, ob sie wahr sind.

☐ ... Meinungen zum Thema *Karneval* in Statements erkennen und unterscheiden.

☐ ... einen literarischen Kurztext verstehen und „zwischen den Zeilen" lesen.

Hören

☐ ... unterschiedliche Meinungen und Argumente zum Thema *Feste feiern* verstehen.

☐ ... Informationen aus einer Hörreportage zum Thema *Oktoberfest* verstehen und die Vorlieben der interviewten Personen erkennen.

Schreiben – Produktion

☐ ... über Erfahrungen mit typischen Familienfesten im Heimatland berichten.

Schreiben – Interaktion

☐ ... ein Einladungsschreiben zu einer persönlichen Feier verfassen.

Sprechen – Produktion

☐ ... in einem Kurzreferat ein Fest in meinem Heimatland vorstellen.

☐ ... über Volksfeste oder Karnevalsfeiern in meiner Heimat kurz berichten.

Sprechen – Interaktion

☐ ... mich über Sinn und Bedeutung von Familienfeiern unterhalten.

☐ ... in einem Telefongespräch um finanzielle Unterstützung für eine Aktion bitten bzw. darauf reagieren.

Wortschatz

☐ ... Feste im deutschsprachigen Raum und dazugehörige Symbole und Geschenke benennen.

☐ ... sprachliche Mittel für die Präsentation eines Referats anwenden.

☐ ... Verben und Nomen-Verb-Verbindungen zum Thema *Feiern* benutzen.

Grammatik

☐ ... temporale Nebensätze richtig bilden.

☐ ... temporale Präpositionen in ihren verschiedenen Bedeutungen korrekt verwenden.

Sprechen Sie mit Ihrer Kursleiterin / Ihrem Kursleiter über Tipps zum Weiterlernen.

Verben

abbrechen
ablenken
ansehen
anstarren
aufpassen
beenden
durchfallen
eintreten in + *Akk.*
empfinden
entschuldigen
erwarten
führen zu + *Dat.*
herkommen
hinschreiben
loslassen
mitteilen
sich erkundigen nach + *Dat.*
sitzen bleiben
vergehen
verstehen
vorwerfen
zerbrechen
zerreißen
zerschlagen

Nomen

das Abitur
das Abschlusszeugnis, -se
die Begabung, -en

die Berufsausbildung, -en
die Berufsschule, -n
der Bildungsweg, -e
die Bücherei, -en
die Chemie
die Erdkunde
die Ethik
das Fach, ̈-er
die Geografie
die Grundschule, -n
das Gymnasium, Gymnasien
die Hauptschule, -n
die Hochschulreife
die Klassenarbeit, -en
der Klassenkamerad, -en
der Klassenlehrer, -
die Konferenz, -en
die Leistung, -en
die Mathematik
die Note, -n
der Notendurchschnitt, -e
die Pause, -n
der Pausenhof, ̈-e
die Physik
die Realschule, -n
der Schulhof, ̈-e
das Schuljahr, -e
die Schuluniform, -en
die Sprechstunde, -n
das Studium, Studien
der Stundenplan, ̈-e

die Universität, -en
der Unterricht
das Zeugnis, -se

Adjektive/Adverbien

abstrakt
anschließend
anspruchsvoll
ausreichend
befriedigend (un-)
begabt (un-)
durchschnittlich
kompliziert (un-)
konkret
praktisch (un-)
praxisnah
theoretisch
ungenügend

Ausdrücke

aus der Bahn werfen
die Schule abbrechen
eine Ehrenrunde drehen
eine Konferenz abhalten
eine Lehre machen
in schallendes Gelächter
    ausbrechen
jemandem einen Rat geben
jemandem etwas beibringen
jemanden links liegen lassen
(nicht) versetzt werden

__1__   Kreuzworträtsel → **WORTSCHATZ**

(1) Treffen wir uns später in der ... im Schulhof?
(2) Ich muss noch in die ..., weil ich ein Buch zurückgeben muss. (3) Mathe ist mein Lieblings... .
(4) Willst du nach dem ... an der Uni studieren? (5) Ich habe einen tollen ... . Freitag nur zwei Stunden Sport.
(6) In England tragen alle Schüler eine Schul... .
(7) Sie ist eine gute Schülerin. Sie hat nur gute ... .
(8) Wir haben doch morgen Wandertag. Gott sei Dank keinen ... ! (9) Oh, Gott, morgen bekommen wir Abschluss... ! Ich hab' bestimmt eine Fünf in Physik. (10) Hast du auch genug gelernt? Wir schreiben doch morgen eine ... in Chemie. (11) Er hat so schlechte Noten. Er muss leider eine ... drehen.

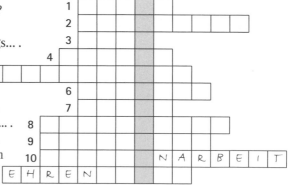

Lösung:
Genug gelernt! Endlich .... !

LEKTION 4

zu Seite 46, 3

__2__ Lückentext → WORTSCHATZ

Lesen Sie die Transkription einer Passage aus dem Hörtext im Kursbuch
Seite 46. Setzen Sie die folgenden Nomen in den Text ein.

> die Beurteilung – die Ferien – das Halbjahr – die Klasse –
> die Klassenleiterin – der Kommentar – die Noten – der Unterricht –
> das Verhalten – das Zeugnis

Moderatorin: Und bevor auch Sabrina in die .... *Ferien* ....
geht, treffe ich sie zu Hause. Sabrina ist 16, und das Jahres-
.... der Georg-Büchner-Realschule hat ihr die Tür in die
letzte .... geöffnet. Mit ihren ....
ist sie zufrieden. Nicht aber mit dem ....,
den die Lehrerin unten aufs Blatt geschrieben hat.
Sabrina: Also: Sabrina, eine zurückhaltende Schülerin, beteiligte sich
zufriedenstellend am .... Im zweiten
.... zeigte sie einen Leistungsabfall. Ihr ....
war recht erfreulich.
Moderatorin: Ist das für dich ein erfreuliches Zeugnis?
Sabrina: Ja, also, das Zeugnis ist schon erfreulich, aber mit dem Leistungsabfall, das fand ich nicht so gut. Und dass ich mich nur zufriedenstellend
am Unterricht beteiligt hab' ... Weil ... es ist eigentlich eine nicht so gute
.... Weil ... ich hab' eigentlich schon ganz gut immer
mitgemacht.
Moderatorin: Jetzt bist du enttäuscht darüber, was die ....
unter das Zeugnis geschrieben hat. Kannst du etwas dagegen machen?
Sabrina: Nee, also machen kann ich dagegen nix. Ich muss halt versuchen, das nächste Jahr dann noch mehr mitzuarbeiten.

zu Seite 47, 1

__3__ Noten und Leistungen → WORTSCHATZ

Ordnen Sie die Bilder den Leistungen zu.

sehr gut – gut – befriedigend – ausreichend/genügend – mangelhaft – ungenügend

zu Seite 47, 5

__4__ Zeugnisse → LESEN/SCHREIBEN

a Bringen Sie die Bilder des Comics in die richtige Reihenfolge.
b Schreiben Sie die Geschichte im Präteritum.
Beginnen Sie so: *Das kleine Mädchen zeigte seinem Vater
sein Zeugnis. Dieser fand das Zeugnis gar nicht gut und ...*

LEKTION 4

zu Seite 49, 2

5 **Redemittel: Diskussion** → **SPRECHEN**

Ordnen Sie die folgenden Redemittel den Intentionen **a** bis **f** zu.

- es geht hier um die Frage ...
- es geht hier um Folgendes: ...
- ich bin der Meinung, dass ...
- ich bin (absolut) für ...
- ich muss Ihnen leider widersprechen
- meiner Meinung/Ansicht nach ...
- ich glaube/denke, dass ...
- in ... hat man gute Erfahrungen damit gemacht

- in der Zeitung liest man ...
- wir sollten zum Ende kommen
- abschließend möchte ich sagen/ betonen, dass ...
- ich stimme Ihnen zu
- das sehe ich anders
- das finde ich auch
- ich teile Ihre Meinung, dass ...
- ich bin auch der Meinung, dass ...

a eine Diskussion eröffnen

..... *es geht hier um die Frage* .....

....

....

....

d Zustimmung äußern

....

....

....

....

b die Meinung sagen

....

....

....

....

e Ablehnung/Widerspruch äußern

....

....

....

....

c Beispiele geben

....

....

....

....

f eine Diskussion beenden

..... *wir sollten zum Ende kommen* .....

....

....

....

zu Seite 49, 4

__6__ Diskussion: Schulen für Hochbegabte → SPRECHEN/WORTSCHATZ

a Lesen Sie den Anfang eines Zeitungsartikels.

Wenn Intelligenz zum Problem wird

In der zweiten Klasse wollte Christian nicht mehr zur Schule gehen. Jeden Abend weinte er. Niemand verstehe ihn dort, beklagte er sich. Seine Mutter war verzweifelt. Sie ging mit ihm zum Psychologen. Der fand Erstaunliches heraus: Christian hat einen Intelligenzquotienten von 139. Er liegt damit weit über dem Durchschnitt. Kein Wunder also, dass Christian nicht gern zur Schule ging: Er langweilte sich zu Tode. Wer so intelligent ist, hat es in unserem Schulsystem nicht leicht.

b „Sollte es in Deutschland spezielle Schulen für besonders begabte Kinder geben?" Ergänzen Sie die Redemittel in der Diskussion. Nehmen Sie das Kursbuch (Seite 49) und das Arbeitsbuch (Aufgabe 5) zu Hilfe.

PRO

Es geht hier .... *um die Frage* ...., ob man Schulen für besonders intelligente Kinder einrichten soll oder nicht. Ich würde gern .... : Also, ich bin absolut .... In anderen Ländern wie Großbritannien, Israel, Japan, USA oder China hat man gute .... damit gemacht. Nur bei uns in Deutschland gibt es kaum Angebote, es wird nur darüber diskutiert.
Meiner .... müssen begabte Kinder gefördert werden. Das ist nur ...., wenn sie in spezielle Schulen gehen können.
Hochbegabte Kinder langweilen sich in der normalen Schule oft zu Tode und haben deshalb oft schlechte Noten.
Dazu .... : Oft wissen auch die Lehrer nicht, wie sie mit den Kindern umgehen sollen. Das heißt, dass nicht nur die Kinder und Eltern, sondern auch die Lehrer damit belastet sind.
.... möchte ich betonen, dass Kinder auf jeden Fall die Möglichkeit haben müssen, Schulen für Hochbegabte zu besuchen. Die Entscheidung liegt dann letztendlich bei den Eltern, Lehrern und Psychologen.

KONTRA

Da muss ich Ihnen .... ! Ich sehe das .... Ich bin absolut nicht ...., dass durch spezielle Schulen die Probleme dieser Kinder gelöst werden. Es geht hier doch .... : Wenn diese Kinder eine andere Schule besuchen, dann werden sie noch mehr von ganz „normalen" Kindern isoliert. Ich ...., dass diese Kinder lernen müssen, sich an unser Schulsystem und auch an unsere Gesellschaft anzupassen. Meiner .... nach sollten sie in eine ganz „normale" Schule gehen. Außerdem gibt es die Möglichkeit, eine Klasse zu überspringen. Damit wäre das Problem gelöst.

zu Seite 50, 5

7   Schulrätsel → **WORTSCHATZ**

Ergänzen Sie die richtigen Schularten. Verwenden Sie dazu die Grafik auf Seite 50 im Kursbuch.

a   Alle Kinder gehen vier Jahre in die ☐ ☐ ☐ ☐ ☐ S C H U L E.

b   Der kürzeste Weg zu einer Berufsausbildung führt über die
☐ ☐ ☐ ☐ ☐ ☐ ☐ ☐ ☐.

c   Wenn man dann eine Lehre macht, muss man einmal pro Woche die
☐ ☐ ☐ ☐ ☐ ☐ ☐ ☐ ☐ ☐ besuchen.

d   Mit dem Abschlusszeugnis einer ☐ ☐ ☐ ☐ ☐ ☐ ☐ ☐ ☐ oder
Wirtschaftsschule kann man eine Berufsausbildung beginnen oder in die
☐ ☐ ☐ ☐ ☐ ☐ ☐ ☐ ☐ ☐ ☐ gehen.

e   Wenn man studieren möchte, muss man am ☐ ☐ ☐ ☐ ☐ ☐ ☐ ☐ ☐
das Abitur machen.

zu Seite 50,5

8   Schulen im Ausland → **WORTSCHATZ/LESEN**

Lesen Sie die Berichte deutscher Mädchen über ihre Schulerfahrungen im Ausland. Setzen Sie die passenden Nomen in den Text ein. Welche Nummer im Text entspricht welchem Nomen?

☐ Berufsausbildung   ☐ Schulhof   ☐ Hochschule   ☐ Klasse
☐ Lernen   ☐ Prüfung   ☑ Schule   ☐ Schüler
☐ Sprachkurs   ☐ Stunde   ☐ Unterricht

Auf Wiedersehen Deutschland!

Es muss nicht immer nur Deutschland sein. Wie wär's mit Kolumbien oder Japan?
Drei deutsche Mädchen erzählen über ihr Schuljahr im Ausland.

Sophie, *18, Bogotá, Kolumbien*	**Klara**, *17, Stockholm, Schweden*	**Alexandra**, *17, Machida, Japan*
Jeden Morgen fahre ich mit dem Bus zur „Deutschen (1)". Ich nehme aber nicht am deutschsprachigen Unterricht teil, sondern gehe in die spanische (2). In Deutschland habe ich zwar einen (3) gemacht, aber trotzdem habe ich zuerst überhaupt nichts verstanden. Weil ich aber den ganzen Tag mit Kolumbianern zusammen bin, geht das (4) jetzt ganz schnell. Am Nachmittag, wenn der Unterricht zu Ende ist, treffe ich mich meist mit meinen neuen Freunden, und wir unternehmen etwas.	Das Schulsystem ist hier ganz anders aufgebaut als in Deutschland: Alle gehen bis zur neunten Klasse in die Grundschule. Dann folgen drei Jahre Oberschule, die man mit der Qualifikation für die (5) oder für eine (6) abschließen kann. Solange man ein guter Schüler ist, nimmt man es hier mit der Pünktlichkeit nicht so genau. Deshalb füllt sich die Klasse manchmal erst in der dritten (7). In der Mittagspause treffen sich fast alle Schüler draußen auf dem (8). Vor allem im Winter will man keinen der wenigen Sonnenstrahlen verpassen.	Ich fahre mit dem Rad zur Schule und trage dort, wie alle andern, eine schwarze Schuluniform. Im (9) kann ich noch nicht viel verstehen, deshalb beobachte ich meist meine Klassenkameraden. Hier ist es so, dass fast nur der Lehrer spricht und die (10) eigentlich nie diskutieren. Von Anfang an müssen die Schüler sehr viel leisten. Viele gehen nach dem Unterricht noch in eine Nachhilfeschule, um ihre Noten zu verbessern. Der Leistungsdruck lässt erst nach, wenn man die Aufnahme- (11) für die Uni dann endlich geschafft hat.

LEKTION 4

Zu Seite 50, 5

9 E-Mail → SCHREIBEN

Sie surfen im Internet und sprechen mit einer Schülerin / einem Schüler aus einem anderen Land. Sie/Er möchte etwas über Ihre Schule wissen. Berichten Sie über die Schule in Ihrem Land (Stundenplan, Fächer, Lehrer, Schultypen, Disziplin usw.).

> **Also, Du willst etwas über die Schule in .... wissen?**
> **Gut. Zuerst erzähle ich Dir, wie unsere Schule aufgebaut ist:**
>
> ....
> ....
> ....
>
> **Was mich total nervt:** ....
> ....
>
> **Was ich toll finde:** ....
> ....

zu Seite 52, 6

10 Lerntipp → LESEN

Schlüsselwörter erkennen
Schlüsselwörter sind Wörter, die die wesentlichen Aussagen enthalten.
Um den Sinn eines Textes zu erfassen, muss man nicht jedes Wort verstehen.
Man kann mithilfe von Schlüsselwörtern den Text global verstehen.

Lerntipp

a Unterstreichen Sie in dem folgenden Text alle Schlüsselwörter.

Eine märchenhafte Schule

Aus einem tristen Schulkasten wird ein buntes Schloss.

Das Martin-Luther-Gymnasium in Wittenberg zeigt die Handschrift des Wiener Künstlers Friedensreich Hundertwasser, der in Neuseeland seinen Wohnsitz hatte. Die Schüler des Luther-Gymnasiums wurden nach der „Wende" befragt, wie sie sich ihre Traumschule vorstellen. Alle waren sich einig: bunt, rund und grün.

Der Schulleiter dachte sofort an den berühmten Künstler und nahm zu ihm Kontakt auf. Er legte ihm einige Schülerzeichnungen vor.

Hundertwasser gefiel die Idee so gut, dass er spontan zusagte, die Schule zu entwerfen. Er hat versucht, aus dem öden, langweiligen Schulkasten ein kleines „Schloss" zu machen: bizarre Fassaden, runde und ovale Fenster, kleine Türmchen, vergoldete Dächer und Kuppeln, auf denen Bäume und Pflanzen in den Himmel wachsen.

Seit dem 2. Mai 1999 steht nun die restaurierte Schule in Wittenberg und wird seither von zahlreichen Touristen aus der ganzen Welt bestaunt.

b Schreiben Sie alle Schlüsselwörter auf ein separates Blatt. Schließen Sie das Buch. Fassen Sie anhand Ihrer Schlüsselwörter den Inhalt des Artikels schriftlich in circa zehn Sätzen zusammen. Beginnen Sie so:
In Wittenberg gibt es eine märchenhafte Schule, die ...

zu Seite 52, 8

11 Lerntipp → **GRAMMATIK**

Lerntipp

Tabellen
Oft kann man Grammatik gut in Tabellen darstellen.
Sammeln Sie Wörter, die zu einem Grammatikgebiet gehören, in einer Tabelle. Ergänzen Sie diese Tabelle immer wieder.

Ordnen Sie die folgenden Verben in die Tabelle unten ein.

fahren – sagen – denken – gehen – laufen – stehen – finden – bringen – sprechen – trennen – verlieren – kennen – wissen – kommen – bleiben – erkundigen – vergessen – fühlen – mitteilen – abbrechen – mögen – geben – reden – werden – nennen – schlafen – lachen

unregelmäßig	regelmäßig	Mischform
fahren, fuhr, gefahren	*sagen, sagte, gesagt*	*denken, dachte, gedacht*

zu Seite 52, 9

12 Lerntipp → **GRAMMATIK**

Lerntipp

Regeln selbst erstellen
Formulieren Sie „Ihre" Grammatikregeln selbst, damit Sie sie sich besser merken können. Schreiben Sie diese Regeln in ein Merkheft.

Ergänzen Sie die Regel und schreiben Sie sie in eigenen Worten in Ihr Merkheft.

Präteritum, Perfekt oder Plusquamperfekt?
a In der Alltagssprache verwendet man vor allem das ....*Perfekt*............ .
b Bei den Verben *haben* und *sein* und bei den Modalverben benutzt man das ....
c Geschriebene Texte sind meistens im .... formuliert.
d Wenn etwas in der Vergangenheit noch weiter zurückliegt, muss man das .... benutzen.

zu Seite 52, 9

__13__   Präteritum → GRAMMATIK

a Ergänzen Sie die Verben im Präteritum.

UMGEKEHRTER LEBENSLAUF

Er ....*war*.............. nicht mehr da.	sein
Er .... mit 70 Jahren.	sterben
Mit 69 .... er nicht mehr gut zu Fuß,	sein
und er .... viele Dinge.	vergessen
Mit 66 .... er für seine Frau	einkaufen
und .... lange Spaziergänge.	machen
Mit 65 .... er sich pensionieren.	lassen
Sein 60. Geburtstag .... groß gefeiert;	werden
die Kinder und drei Enkel	kommen
In seinem 52. Lebensjahr .... sein erstes	werden
Enkelkind geboren, ein Junge.	
Mit 48 .... er befördert und	werden
.... eine Sekretärin.	bekommen
Er .... mehr.	arbeiten
Mit 42 .... er und seine Frau, wie die	erleben
Kinder das Haus	verlassen
und	heiraten
Mit 38 .... er oft über den Lärm zu Hause.	klagen
Die Kinder .... ständig Freunde mit.	bringen
Er .... Überstunden. Ferien in Italien.	machen
Mit 35 .... er in eine neue Firma	eintreten
und .... mehr Gehalt.	bekommen
Mit 30 .... seine Frau und er eine Wohnung.	kaufen
Sie .... jetzt in einer Kleinstadt.	leben
Mit 25 .... er ...., Russisch zu lernen.	aufhören
Als er 23 war, ... seine Tochter geboren,	werden
ein Jahr früher sein Sohn.	
Mit 20 .... er.	heiraten
Mit 18 .... er ein Mädchen	kennenlernen
und .... in sie.	sich verlieben
Mit 17 .... seine Ausbildung beendet.	sein
Mit 14 .... er eine Lehre als Maschinenschlosser.	beginnen
Mit 10 .... er die Aufnahmeprüfung für	schaffen
die Realschule nicht.	
Mit 6 .... er in die Grundschule.	kommen
Er wurde geboren.	
Er war noch nicht da.	

b Schreiben Sie nun selbst einen umgekehrten Lebenslauf für eine bekannte Persönlichkeit oder eine fiktive Person. Verwenden Sie das Präteritum.

LEKTION 4

zu Seite 52, 9

14 Gedicht → GRAMMATIK

a Lesen Sie das folgende Gedicht und ergänzen Sie die passenden Verben im Präteritum.

kochen – schwimmen – lesen – schreiben – singen – kommen – essen

Die Sonne schien. Der Tag fing an.

Er schlief sehr lang.	Sie stand früh auf.
Er wusch sich nicht.	Sie ....*schwamm*........ im Pool.
Er .... Kaffee.	Sie .... ein Ei.
Er sah hinaus.	Sie saß im Garten.
Er .... ein Lied.	Sie wurde krank.
Er rief sie an.	Sie sprach nicht viel.
Er ging zu ihr.	Sie .... ein Buch.
Er brachte Tee.	Sie trank ihn nicht.
Er lud sie ein.	Sie .... zu spät.
Er gab ihr Wein.	Sie blieb nicht lang.
Er schrieb ihr viel.	Sie .... ihm nie.
Er dachte an sie.	Sie fuhr nach Rom.

b Wie könnte die Geschichte der beiden weitergehen?

c Schreiben Sie das Gedicht zu Ende.
Lesen Sie nun das Ende. Finden Sie es überraschend? Warum (nicht)?

Er verstand sie nicht.	Sie schwieg zu lang.
Er flog zu ihr.	
Er kam nie an.	
Er starb zu früh.	Sie weinte lang.

Und nichts begann.

zu Seite 52, 10

15 Perfekt mit *sein* oder *haben*? → GRAMMATIK

Bilden Sie Sätze im Perfekt.
Beispiel: Er – bei seinen Großeltern – aufwachsen
Er ist bei seinen Großeltern aufgewachsen.

a Der Lehrer – die Klassenarbeit – zurückgeben

b Schüler – in der Pause – im Klassenzimmer – bleiben

c Sabine – im Schwimmbad – vom Drei-Meter-Brett – springen

d Meine Eltern – über das Zeugnis – sich freuen

e Er – im Unterricht – einschlafen

f Ich – in den Ferien – endlich mal wieder – ausschlafen

g Wir – mit unserer Klasse – nach Österreich – fahren

h Seine Noten – besser – werden

i Die Familie – in die Schweiz – umziehen – und – er – Schule – wechseln

j Er – fauler Schüler – sein. Deshalb – sitzen bleiben

zu Seite 52, 10

16   Extreme Situationen → GRAMMATIK/SPRECHEN

ⓐ Wählen Sie eine Situation aus.

ⓑ Was ist vorher passiert? Was passiert danach? Erzählen Sie, wie die Leute in diese Situation gekommen sind und wie sie gerettet wurden. Erzählen Sie im Perfekt.

zu Seite 53, 3

17   Korrektur: Persönlicher Brief → SCHREIBEN

ⓐ Verbessern Sie die unterstrichenen Stellen.

> Heidelberg, den 5. 8. 20..
>
> Liebe Nicola,
> wie geht es Dir? Ich hoffe, gut. Ich <u>bin leider</u> nicht so gut.
> Wie <u>Du weißt ja</u>, bin ich <u>vor</u> zwei Monaten in Heidelberg und
> lerne an einer Sprachenschule Deutsch. Aber ich habe es mir nicht
> so schlimm vorgestellt. Ich hatte das Gefühl, nichts zu lernen.
> Die deutsche Grammatik ist so schwer, und am schlimmsten ist es
> für mich zu sprechen. Außerdem <u>kennenlerne</u> ich keine Deutschen
> und bin immer nur mit den Schülern aus meiner Schule zusammen.
> Alles ist schwer für mich, nicht nur die Sprache, sondern auch die
> Kultur, das Leben hier. Ich kann mich einfach nicht an das Essen
> gewöhnen. Na ja. Ich hoffe, <u>damit</u> sich das ändern wird.
> Ich werde mir Mühe geben. Meine Mittagspause ist zu Ende.
> Ich <u>musste</u> jetzt ins Sprachlabor.
> So, jetzt <u>ich habe</u> nur von mir erzählt und furchtbar gejammert.
> Tut mir leid, aber ich musste mit jemandem sprechen. Das hat
> mir schon viel <u>helfen</u>.
> Meine liebe Nicola, schreib mir bald einmal. Ich hoffe, dass wir
> uns bald mal sehen können. Ich freue mich riesig auf Deinen Brief.
>
> Deine Etsuko

Mir geht es leider nicht so gut.

ⓑ Schreiben Sie zu folgenden Punkten einen Antwortbrief. Benutzen Sie die Redemittel in Ihrem Kursbuch auf Seite 53.
- Bedanken Sie sich für den Brief. Sie machen sich Sorgen.
- Sie verstehen das Problem.
- Sie berichten von eigenen Erfahrungen.
- Sie geben Etsuko Ratschläge.
- Sie laden Etsuko zu einem Besuch am Wochenende ein, damit sie auf andere Gedanken kommt.

LEKTION 4

zu Seite 54, 5

18 Nicht trennbare Verben → WORTSCHATZ

Kreuzen Sie das richtige Wort an.

a Ich habe meinen Job verloren. Mein Chef hat mich
- ☐ verlassen.
- ☒ entlassen.
- ☐ gelassen.

b Können Sie mir sagen, wie ich zum Stephansdom komme? Ich habe mich
- ☐ entlaufen.
- ☐ zerlaufen.
- ☐ verlaufen.

c Er hat sich lange mit dem Dativ
- ☐ verfasst.
- ☐ befasst.
- ☐ erfasst.

d Er ist in einen Verkehrsunfall
- ☐ geraten.
- ☐ verraten.
- ☐ erraten.

e Der Arzt hat mir ein Medikament
- ☐ verschrieben.
- ☐ geschrieben.
- ☐ beschrieben.

f Gott sei Dank habe ich die Prüfung
- ☐ bestanden.
- ☐ verstanden.
- ☐ entstanden.

g Die Zeit ist so schnell
- ☐ begangen.
- ☐ entgangen.
- ☐ vergangen.

h Seine Noten sind so schlecht. Er wird nicht in die nächste Klasse
- ☐ besetzt.
- ☐ versetzt.
- ☐ ersetzt.

i Ich habe 13 Jahre lang die Schule
- ☐ ersucht.
- ☐ besucht.
- ☐ gesucht.

zu Seite 55, 6

19 Wortbildung: Nicht trennbare Vorsilben ver- und zer- → WORTSCHATZ

Welches Nomen passt zu welchem Verb?

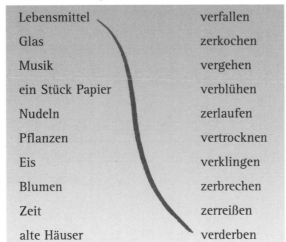

Lebensmittel	verfallen
Glas	zerkochen
Musik	vergehen
ein Stück Papier	verblühen
Nudeln	zerlaufen
Pflanzen	vertrocknen
Eis	verklingen
Blumen	zerbrechen
Zeit	zerreißen
alte Häuser	verderben

zu Seite 55, 7

20 Trennbare und nicht trennbare Verben → GRAMMATIK

Bilden Sie die dritte Person Singular und ordnen Sie die Verben zu.

abholen – anfangen – anrufen – ansehen – aufrufen – ausfallen – beginnen – bestellen – einkaufen – einladen – empfehlen – entlassen – entscheiden – erklären – erzählen – gefallen – gelingen – misstrauen – mitarbeiten – nachsehen – umziehen – versetzen – versprechen – verstehen – vorwerfen – weggehen – zerstören – zumachen

trennbar	nicht trennbar
er holt ... ab	er bestellt

AB 57

LEKTION 4

zu Seite 55, 8

21 Trennbar oder nicht trennbar? → GRAMMATIK/WORTSCHATZ

Ergänzen Sie die passenden Verben in der richtigen Form.

abschreiben – aufschreiben – mitarbeiten – ~~verstehen~~ –
verschlafen – vorbereiten – aufpassen – zuhören

Ein „schlechter" Schüler ...

a .... *versteht* .... die Übungen nicht .... – .... , weil er nicht .... hat.

b kommt zu spät, weil er .... hat.

c .... im Unterricht nicht .... und meldet sich nie.

d .... bei Klassenarbeiten vom Nachbarn ....

e .... neue Wörter nicht in seinem Heft ....

f .... sich nie auf eine Klassenarbeit ....

g .... nicht .... , wenn die Lehrerin etwas sagt.

---

aufgeben – erklären – betreten – begrüßen – beginnen – verbessern –
aufrufen – verstehen – abfragen – besprechen

Ein „guter" Lehrer ...

a .... die Klasse .... , wenn er das Klassenzimmer ....

b .... nicht zu viel Hausaufgaben für den nächsten Tag ....

c .... die Grammatik mit Beispielen ....

d .... die Hausaufgaben ....

e .... neue Vokabeln ....

f .... alle Schüler .... , nicht nur die guten oder die schlechten.

g .... auch mal Spaß ....

h .... den Unterricht pünktlich ....

i .... die Fehler mit den Schülern ....

1
LERNER-CD 13

Betonung von trennbaren und nicht trennbaren Verben.

Sie hören jeweils sechs Verbpaare. Unterstreichen Sie beim Hören die Akzentsilbe. Was passiert mit dem Akzent?

trennbar		nicht trennbar	
schreiben	abschreiben	setzen	versetzen
passen	aufpassen	grüßen	begrüßen
schauen	anschauen	reißen	zerreißen
arbeiten	mitarbeiten	fallen	gefallen
sehen	nachsehen	schreiben	unterschreiben
hören	zuhören	fehlen	empfehlen

2
LERNER-CD 14

Trennbar?

Hören Sie acht Sätze. Unterstreichen Sie beim Hören die Akzentsilbe im Verb. In welcher Spalte befinden sich die trennbaren Verben?

- Die Polizei musste das Auto durchsuchen.
- Wir wollen in den Ferien ganz viel unternehmen.
- Ich würde dich so gerne umarmen.
- Ich muss dic Vokabeln wiederholen.
- Wir müssen bis morgen den Artikel durchlesen.
- Wir haben die Sonne untergehen sehen.
- Ich muss den Pullover umtauschen.
- Müssen wir den Elektriker schon wieder holen?

3
LERNER-CD 15

Der Wortakzent

Hören Sie diese Wörter. Unterstreichen Sie die betonten Silben. Lesen Sie dann die Wörter laut.

Tasche	Schultasche	Tisch	Schreibtisch
Stift	Bleistift	Zimmer	Lehrerzimmer
Buch	Notizbuch	Gummi	Radiergummi
Kurs	Intensivkurs	Stunde	Mathematikstunde

4

Regeln zum Wortakzent

Sehen Sie sich dic Aufgaben 1 bis 3 an und ergänzen Sie die Regel mit Beispielen.

Wortakzent	Beispiele
■ Liegt normalerweise auf der ....*ersten*.... Silbe.	*Zimmer,* ....
■ Bei Komposita wird das .... Wort betont.	*Lehrerzimmer,* ....
■ Bei Fremdwörtern wird oft .... betont.	*Intensivkurs,* ....
■ Bei Verben mit trennbaren Vorsilben wird .... betont.	*abschreiben,* ....
■ Bei Verben mit nicht trennbaren Vorsilben wird .... betont.	*versetzen,* ....
■ Bei Wörtern, die auf *-ier(en)* enden, wird .... betont.	*radieren,* ....

5
LERNER-CD 16

Wortakzent: Brummen

a Hören Sie die folgenden „gebrummten" Wörter.
Um welches Wort handelt es sich jeweils?
Beispiele: *hmhmhmhm – Kindergarten; hmhm – Noten*

Lineal – Grundschule – lernen – Klassenarbeit – Federmäppchen – Erdkunde – Mitarbeit

b „Brummen" Sie nun selbst die Wörter. Die anderen raten, um welches Wort es sich handelt.

Lernkontrolle: Was haben Sie in diesem Kapitel gelernt?

Kreuzen Sie an.

Ich kann ...

Lesen

- ☐ ... die Informationen in einem Text über das deutsche Schulsystem verstehen und mit einem Schaubild vergleichen.
- ☐ ... in einer Erzählung dem schulischen und beruflichen Werdegang dreier Freunde folgen und die indirekte Kritik am Schulsystem darin erkennen.
- ☐ ... die Gedanken und Gefühle der Hauptfigur aus einer literarischen Textpassage herausfinden.

Hören

- ☐ ... einem Interview mit einer Schülerin zum Thema *Zeugnisse* die Hauptinformationen entnehmen.
- ☐ ... unterschiedliche Meinungen und Argumente zum Thema *Schuluniformen* verstehen.

Schreiben – Produktion

- ☐ ... beschreiben, wie ein Zeugnis meiner letzten Schule aussieht.
- ☐ ... in einer E-Mail über eine typische Schule in meinem Heimatland berichten.

Schreiben – Interaktion

- ☐ ... Verständnis für die Schulprobleme einer Brieffreundin zeigen und ihr Ratschläge geben.

Sprechen – Interaktion

- ☐ ... in einer Podiumsdiskussion zum Thema *Schuluniform* eine Meinung vertreten und diese mit Argumenten unterstützen.

Wortschatz

- ☐ ... Schulfächer benennen und charakterisieren.
- ☐ ... Verben und Adjektive zum Thema *Schule und Leistung/Noten* korrekt anwenden.

Grammatik

- ☐ ... die Vergangenheitsformen regelmäßiger und unregelmäßiger Verben korrekt benutzen.
- ☐ ... die Bedeutung verschiedener Verben mit Vorsilben verstehen und diese richtig bilden und verwenden.

Sprechen Sie mit Ihrer Kursleiterin / Ihrem Kursleiter über Tipps zum Weiterlernen.

Verben

anbieten
backen
bestellen
braten
erhitzen
füllen
gießen
kleben
kochen
rühren
schälen
schlagen
schmecken
schütteln
servieren
sich amüsieren
sich treffen mit + *Dat.*
vermischen
verpacken
verteilen
zubereiten

Nomen

die Auswahl an + *Dat.*
die Bar, -s
die Beilage, -n
das Bistro, -s
das Büfett, -s
die Diskothek, -en
die Einrichtung, -en
der Feinschmecker, -
das Frühstück, -e
der Gast, ⸚e

das Gericht, -e
der Geschmack, ⸚e
das Getränk, -e
die Hauptspeise, -n
das Kabarett, -s
das Kilo, -s
die Kneipe, -n
die Kritik, -en
die Küche, -n
das Lebensmittel, -
das Lieblingsgericht, -e
das Lokal, -e
die Mahlzeit, -en
das Menü, -s
das Mixgetränk, -e
der Nachmittagskaffee, -s
die Nachspeise, -n
der Nachtisch, -e
das Nationalgericht, -e
der Pilz, -e
das Rezept, -e
der Service
die Speise, -n
die Speisekarte, -n
die Spezialität, -en
der Teelöffel, -
der Tropfen, -
der Vegetarier, -
die Vorspeise, -n
die Zubereitung, -en
die Zutat, -en

Adjektive/Adverbien

abwechslungsreich

ausgezeichnet
bitter
dunkel
fest
flüssig
frisch
fruchtig
geschmackvoll/-los
günstig (un-)
kräftig
prima
saftig
salzig
sauer
scharf
versalzen
würzig

Ausdrücke

auf der Strecke bleiben
auf kleiner Flamme kochen
bis auf den letzten Platz
   besetzt sein
das höchste Lob verdienen
das lässt zu wünschen übrig
das versteht sich von selbst
eine Kleinigkeit essen
einsame Spitze sein
etwas unter Beweis stellen
Nachtschwärmer sein
sein Geld (nicht) wert sein
sich köstlich amüsieren
Wert legen auf + *Akk.*
zu kurz kommen

5

__1__   Wörterschlangen → **WORTSCHATZ**

„Was kann man essen oder trinken?"

Sagen Sie ein Wort. Der nächste Schüler muss mit dem letzten Buchstaben
ein neues Wort bilden.
Beispiel: *Getränk, Kuchen, Nachspeise …*

Derjenige, dem kein Wort mehr einfällt, scheidet aus dem Spiel aus.
Gewonnen hat, wer am Ende übrig geblieben ist.
Sie können den Wortschatz eingrenzen, z.B. nur Adjektive zum Thema *Essen*
oder *Was gibt es in einer Bar?* zulassen.

zu Seite 59, 1

__2__ Lerntipp → **LESEN**

a Wie haben Sie die Aufgabe auf Seite 59 im Kursbuch gelöst?
Kreuzen Sie an.

☐ Ich habe zunächst die Beschreibungen der Personen gelesen und dann
die Anzeigen Wort für Wort durchgearbeitet. Dann habe ich zugeordnet.

☐ Ich habe zunächst die Anzeigen und dann die Personenbeschreibungen
Wort für Wort durchgelesen. Dann habe ich zugeordnet.

☐ Ich habe jeweils eine Personenbeschreibung gelesen, dann die Anzeigen
überflogen und gezielt nach der Information gesucht, die ich brauche.

Wenn Sie die dritte Möglichkeit angekreuzt haben, haben Sie selektiv gelesen.

Lerntipp

Selektives Lesen
Bei manchen Textsorten, wie z. B. Anzeigen oder dem Fernsehprogramm,
möchte man möglichst schnell nur ganz bestimmte Informationen
herausfinden. Dafür muss man nicht den ganzen Text Wort für Wort lesen,
sondern ihn nur nach den wichtigen Signalen absuchen.

b Unterstreichen Sie nun in den Anzeigen auf Seite 59 (Kursbuch) die
Signale im Text, die für die Lösung der Aufgabe wichtig sind.

c Sehen Sie sich die Anzeigen unten an und entscheiden Sie, welche
Personen wohin gehen. Unterstreichen Sie dazu die wichtigen Signale
in den Anzeigen.
Die folgenden Personen wollen nach dem Essen noch etwas
unternehmen. Wohin können sie gehen? Nicht alle Personen finden
ein passendes Lokal.

1 Klaus und Norbert möchten noch in eine Disco gehen.
Sie lieben Techno-Musik.

2 Herr und Frau Burkhard wollen noch eine Tasse Kaffee trinken
und dabei draußen sitzen.

3 Diana und Heidi haben noch Lust auf einen Cocktail.

4 Herr Bauer würde gern in einem Biergarten sitzen.

A
FAST FOOD THEATER IMPROVISATION
Heute 20.30 Uhr
Fast Food Theaterhaus · Tel. 26 39 86

B **HEUTE IM TITANIC CITY**
Techno und House-Party
One-O-Tone-Gang
Sa 21.3. · 21.00 - 4.00

C
KALI BAR
Täglich bis 21.00 Uhr
HAPPY HOUR
Kunstpark Ost · Tel. 49 00 33 12

D
SEEHAUS IM ENGLISCHEN GARTEN
direkt am
Kleinhesseloher See

Restaurant, Pavillon und
großzügige Terrasse

Kleinhesselohe 3/im Englischen Garten, Telefon 38 16 13-0

LEKTION 5

zu Seite 61, 2

__3__ Frühstücken in Deutschland → **WORTSCHATZ/SCHREIBEN**

a Lesen Sie den Text und setzen Sie folgende Wörter ein.

Kaffee – Joghurt – Obst – Wurst – Essen – frühstücken –
Konfitüre – Frühstück – Frühstücksservice – ausgiebig

Doping für den ganzen Tag
Richtig frühstücken – so viel Zeit muss sein

Nur noch zwei Prozent der Frauen und ein Prozent der Männer tun es morgens im Bett – und dann nur an verregneten Sonntagen: ....*frühstücken*........ . Das ergab eine Umfrage des Magazins „Der Feinschmecker". Die Zeiten sind vorüber, als man noch mal unter die Decke schlüpfte und mit Kaffee und .... auf die Kissen kleckste. Das .... im Bett ist vom Aussterben bedroht. Überhaupt: Essen zur Morgenstund' ist reine Geschmackssache. Mehr als die Hälfte aller Deutschen frühstückt zwar nach wie vor ...., von den 16- bis 24-Jährigen essen 15 Prozent jedoch zum Tagesbeginn „so gut wie nie" und 38 Prozent nur „im Stehen". „Keiner hat mehr Zeit zum .... oder Einkaufen. Der allgemeine Trend geht zum ‚Fast Food'", findet Werner Schuster. Ihm kann's recht sein, er betreibt in München einen .... „Man muss nicht direkt nach dem Aufstehen etwas essen", meint Andrea Dittrich vom Deutschen Institut für Ernährungsforschung in Potsdam. „Aber ein Frühstück ist wichtig für einen guten Start in den Tag. Die Zusammensetzung des Frühstücks ist ebenfalls wichtig: Milchprodukte (Quark oder ....), ein wenig frisches .... und nicht so viel Fett, das sich in Käse oder .... versteckt. Vom Frühstücksmodell Zigarette plus .... rate ich dringend ab. Das bringt dem Körper nichts."

b Was frühstückt man in Ihrer Familie? Schreiben Sie fünf Sätze zu dem Thema „Ein typisches Frühstück bei uns zu Hause".

zu Seite 61, 2

__4__ Spiel: Was kann man essen oder trinken? → **WORTSCHATZ**

Spiel

Bilden Sie gleich große Gruppen. Jede Gruppe bekommt ein Stück Papier. Es sollen darauf Wörter zum Wortfeld „Essen und Trinken" geschrieben werden. Die Kursleiterin / Der Kursleiter legt die Anzahl der Buchstaben, die ein Wort mindestens haben muss, fest und sagt einen Anfangsbuchstaben. Die erste Teilnehmerin / Der erste Teilnehmer schreibt einen weiteren Buchstaben auf das Papier und gibt es an die Nachbarin / den Nachbarn weiter. Diese/r schreibt noch einen Buchstaben dazu. Dabei darf nicht gesprochen werden.
Die Gruppe, die zuerst ein Wort geschrieben hat, ruft laut „Stopp!" und bekommt einen Punkt, wenn das Wort korrekt ist. Man kann auch andere Fragen stellen. (Beispiele: Was gibt es in einer Küche? Was sieht man in einem Restaurant? Was brauche ich zum Kochen?)

zu Seite 63, 5

5 Meine Lieblingskneipe → WORTSCHATZ

a Ordnen Sie die Sätze unten den folgenden Stichwörtern zu.
☐ Einrichtung ☐ Service ☐ Essen ☐ Trinken ☐ Atmosphäre
☐ Lage ☑ Publikum ☐ Bedienung ☐ Musik

1 Meine Lieblingskneipe liegt in der Stadtmitte, und man kann sie gut mit der U-Bahn erreichen.
2 Ich mag vor allem die schönen, antiken Möbel. Das Lokal ist wirklich geschmackvoll und liebevoll ausgestattet.
3 Die Auswahl auf der Speisekarte ist groß. Man findet immer etwas Passendes. Und die Preise sind vernünftig. Das ist die Hauptsache.
4 Was mir auch gefällt, ist, dass man ganz unterschiedliche Leute treffen kann.

b Schreiben Sie zu den restlichen Stichpunkten selbst ein paar Sätze.

zu Seite 63, 5

6 Kebab Connection → LESEN

Lesen Sie die Inhaltsangabe zum Film und lösen Sie dann die folgende Aufgabe. Kreuzen Sie an.

	richtig	falsch
a Der Film ist eine Komödie.	☐	☐
b Der Film spielt in der Türkei.	☐	☐
c Ibos Onkel hat eine Imbissbude.	☐	☐
d Ibo wird berühmt, weil er einen Kung-Fu-Film dreht.	☐	☐
e In Ibos Familie gibt es Konflikte wegen Ibos deutscher Freundin.	☐	☐
f Ibo sind die Probleme egal. Hauptsache, er kann Filme machen.	☐	☐
g Es geht in dem Film um das Zusammenleben von Türken, Deutschen und Griechen.	☐	☐

KEBAB CONNECTION

Deutschland 2005 *Regie:* Anno Saul *Länge:* 95 Minuten

Ibo, ein chaotischer Hamburger Türke und absoluter Bewunderer von Bruce Lee, wünscht sich nichts mehr im Leben, als den ersten deutschen Kung-Fu-Film zu drehen.

Mit einem Werbespot für die Imbissbude seines Onkels wird er über Nacht zum heimlichen Star seines Viertels und wird als neuer Steven Spielberg gefeiert.

Die Schwangerschaft seiner Freundin Titzi bringt sein Leben dann aber gehörig durcheinander. Erst zeigt Ibos Vater Mehmet ihm die rote Karte, weil die Mutter seines Kindes keine Türkin ist. Ibo ist weit davon entfernt, sich auf die Vaterrolle vorzubereiten, und muss deshalb bei Titzi ausziehen.

Ihm bleiben nur noch seine Freunde und die Werbespots. Und das Gefühl, dass er sein altes Leben wiederhaben will – vor allem Titzi, aber auch den Vater und am liebsten die ganze Familie ...

Kebab Connection – eine Familienkomödie, voll mit leckeren Dönern, gewürzt mit türkischem, griechischem und deutschem Temperament, witzigen Filmzitaten und das Ganze verfeinert mit Kung-Fu-Szenen!

LEKTION 5

zu Seite 64, 2

__7__   Nachtleben → **LESEN**

Ordnen Sie die folgenden Fragen den Abschnitten des Zeitungsartikels zu.

Wie wird gearbeitet? – Warum wurde der Service eingerichtet? –
Worum geht es? – Wie kommt man an die Information?

Nachtleben: Geheimtipps im Internet

1 Gute Zeiten für Nachtschwärmer – vorerst nur in München. Im
Internet Magazine X3 unter www.x3-magazine.com bekommt man
rund um die Uhr super Einblicke ins lokale Szene- und Disco-Leben.
Aktuelle Ereignisse, geänderte Anfangszeiten, heiße Insider-Partys:
Mit dem Gratis-Service von René, 20, und Didi, 23, ist man optimal
informiert.

2 Wir fragten die rasenden Reporter, wie's funktioniert. „Als begeister-
te Szenegänger haben wir uns früher oft geärgert, zur falschen Zeit
im falschen Klub zu sein. Da kamen wir auf die Idee, live zu recher-
chieren, was läuft.

3 Seit zwei Jahren ziehen wir circa zehnmal im Monat nachts mit
Digitalfotokamera, Laptop und Handy durch die Klubs, informieren
uns minutenschnell über Stimmung, Musik, Publikum und geben
die brandheißen Geheimtipps und sogar Live-Bilder ins Internet.
Zwar kommen wir meist erst um sechs Uhr ins Bett – und jobben
ja auch noch nebenher, weil wir den Szene-Service bislang umsonst
machen –, aber wir haben jede Menge Spaß."

4 Wer zu Hause keinen Internet-Anschluss hat, kann die Party-News
auch bei Info-Terminals der Münchner U-Bahn abrufen. Das X3-
Magazin bietet rund um die Uhr 1000 tolle Veranstaltungs- und
Gastronomieneuigkeiten.

zu Seite 64, 3

__8__   Lerntipp → **LESEN**   *Lerntipp*

Internationalismen, Deutsch international
Manche Wörter sind ganz leicht zu verstehen, weil sie in
vielen anderen Sprachen ähnlich oder gleich lauten.
Diese Wörter helfen Ihnen, Texte zu verstehen.

a Suchen Sie in der Wortschatzliste auf Seite 61 alle internationalen
Wörter heraus. Tragen Sie sie in die Tabelle ein und schreiben Sie das
entsprechende Wort in Ihrer Muttersprache dazu.

	in meiner Sprache
die Bar, -s	

b Lesen Sie den folgenden Text und markieren Sie alle „internationalen"
Wörter. Ergänzen Sie anschließend die Liste.

Hübsche Hamburger

Arno Manthei, 27, aus Düsseldorf ist Food-Stylist, das heißt, er sorgt dafür, dass die Hamburger auf Plakaten so gut aussehen, wie sie aussehen sollten.

Was ist für dich Perfektion?
Qualität. Und Qualität kommt von quälen.

Warum das?
Jedes Detail muss stimmen, damit die Produkte auf den großen Plakaten lecker aussehen. Alle Zutaten müssen ganz frisch sein, der Käse goldgelb und der Salat knackig; der Ketchup wird angeleuchtet, damit er richtig rot aussieht. Und wenn zwischen den Sesamkörnchen auf dem Burgerdeckel eine Lücke ist, müssen eben Körner reingeklebt werden.

Das ist ja interessant.
Wir verwenden nur Originalprodukte. In der Modebranche werden den Leuten auch toll gestylte Mädchen vorgesetzt. Da ist es harmlos, die Burger nur vorsichtig zusammenzusetzen und vorteilhaft auszuleuchten.

Wie funktionieren deine Tricks?
Das ist ein Berufsgeheimnis. Ich habe zwei Jahre gebraucht, um herauszufinden, wie man Eis so präpariert, dass es im Scheinwerferlicht nicht gleich schmilzt. Das werde ich doch der Konkurrenz nicht verraten.

Wie bist du dazu gekommen, Burger zu stylen?
Schon während meiner Ausbildung zum Koch habe ich mir gern schön fotografiertes Essen angesehen. Über eine Freundin habe ich dann einen Fotografen kennengelernt, der Bilder von Burgern machen sollte. Ich war sofort begeistert.

Wie viele Food-Stylisten gibt es in Deutschland?
Etwa 40, glaube ich. Es ist ganz schön hart, da reinzukommen. Es gibt ja auch keine Ausbildung. Das ist eine absolute Marktlücke.

---

zu Seite 65, 4

__9__   Lerntipp → **GRAMMATIK**

Lerntipp

Textgrammatik
Wenn Sie einen Text lesen, dann achten Sie auf die Elemente, die die Sätze zu einem Text verbinden. Dazu zählen: Pronomen, Adverbien und Synonyme. Dadurch können Sie den logischen Textzusammenhang besser verstehen.

Im folgenden Artikel sind alle satzverbindenden Pronomen, Adverbien und Synonyme unterstrichen. Worauf beziehen sie sich?
Beispiel: Fast Food ⟶ *Currywurst mit Pommes, Hamburger und Frikadellen*

Trend zum Fast Food

Currywurst mit Pommes, Hamburger und Frikadellen sind lecker, schnell und billig. Der Gang zur Imbissbude wird immer beliebter. Ernährungswissenschaftler sind entsetzt über die neue Esskultur. Ihrer Meinung nach essen die Menschen in den Industrieländern katastrophal ungesund: zu fett und kalorienreich. Übergewicht und zunehmende Krankheiten sprechen Bände. Die empfohlene Ernährungsformel: 13 Prozent Eiweiß, maximal 30 Prozent Fett, der Rest Kohlenhydrate und natürlich viele Vitamine. Das heißt: Höchstens ein- bis zweimal die Woche Fleisch oder Fisch, ansonsten Obst und Gemüse.

Die Asiaten richten sich noch am ehesten nach dieser Regel. Dort sind Reis und Gemüse die wichtigsten Lebensmittel.

In Europa essen Franzosen und Italiener am vernünftigsten. Die mediterrane Kost ist ziemlich gesund: Olivenöl, Nudeln und viel Gemüse, viele Vitamine und wenig Fett.

LEKTION 5

zu Seite 65, 4

10 Vom Satz zum Text → GRAMMATIK

Schreiben Sie den folgenden Text um. Ersetzen Sie die kursiv gedruckten Wörter durch Pronomen, Adverbien oder Synonyme.

Du, stell dir vor, was mir letzte Woche passiert ist! Wie du weißt, bin ich ja momentan total im Stress. Trotzdem habe ich gedacht, Spaß muss sein, und habe beschlossen, ein wenig auszugehen. Also habe ich Eva und Nicola angerufen und mich mit *Eva und Nicola* verabredet. Du kennst *Eva und Nicola* ja auch, oder? Wir wollten uns um 21 Uhr im Metropolitan treffen. Ich bin dann auch pünktlich *im Metropolitan* gewesen. Aber *Nicola und Eva* waren wie immer unpünktlich. Also habe ich mich allein an die Bar gestellt und eine Margherita bestellt. Du wirst es mir nicht glauben, wer auch *an der Bar* stand, direkt neben mir! Brad Pitt[1]! Du weißt ja vielleicht, dass *Brad Pitt* eine Freundin in München hat. *Die Freundin von Brad* hat den Film „Abgeschminkt" gedreht. Na ja, auf jeden Fall wurde ich zusehends nervöser, weil ich gern mit *Brad* reden wollte. Aber wie sollte ich das anstellen? Während ich mir krampfhaft überlegte, was ich machen sollte, kam *die Freundin von Brad Pitt* auf Brad zu, und die beiden verließen das Lokal.

[1]US-amerikanischer Schauspieler

zu Seite 66, 4

11 Passiv → GRAMMATIK

a Lesen Sie den Text.

b Unterstreichen Sie alle Verben im Passiv.
Ordnen Sie die Verben in den Kasten im Kursbuch Seite 66 (Aufgabe 4) ein.

Abschnitt 1
Muss etwa jedes Salzkörnchen einzeln auf den Salzstangen festgeklebt werden? Na ja, wohl kaum!
Natürlich braucht man erst mal Salzstangen. Und diese Stangen bestehen aus einem Teig aus Wasser, Mehl, Hefe, Salz, Malz und Fett.

Wenn die Salzstangen in der Fabrik hergestellt werden, sind die Zutaten in riesigen Bottichen. Und der Teig wird in einer großen Maschine gemixt.
Der Teig wird anschließend zwischen den Walzen platt gedrückt und durch kleine Löcher gepresst. Und auf der anderen Seite der Walzmaschine kommen dann lange und dünne „Teigwürste" heraus. Sie sehen aus wie Spaghetti.

Abschnitt 2
Aber wo bleibt das Salz? Das kommt später! Zunächst laufen die dünnen „Teigwürste" noch durch ein Natronlaugen-Bad, das den Salzstangen ihren Geschmack gibt. Außerdem wird der Teig dadurch schön nass.
Nach dem Laugenbad werden die „Teigwürste" auf die richtige Länge geschnitten; dann haben die Salzstangen schon ihre spätere Größe.

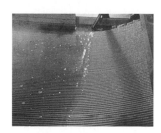

Nur das Salz fehlt immer noch ...
Und jetzt endlich werden die Stangen zu Salzstangen: Die Salzkörnchen fallen von oben auf den Teig, und weil der nass ist, bleiben die Salzkörner daran kleben. Jedes Korn, das keine Salzstange getroffen hat, fällt durch das Backgitter hindurch und wird automatisch oben wieder nachgefüllt.

Abschnitt 3
Die gesalzenen Stangen laufen durch einen riesigen Backofen. 400 Grad heiß ist es darin, und schon nach wenigen Minuten sind die Salzstangen fertig gebacken. Durch die Hitze sind die Salzstangen hart und ganz braun geworden. Jetzt können sie verpackt werden.
Und was denkt ihr, wie viele Salzstangen hier auf diese Art pro Stunde hergestellt werden können? Es sind etwa eine Million! Na dann: Viel Spaß beim Knabbern!

5

zu Seite 66, 4

__12__ **Bildung des Passivs** → GRAMMATIK
Ergänzen Sie die Regeln.

a Das Passiv wird aus einer Form des Verbs ......*werden*...... und einem .... gebildet.

b Der zweite Verbteil steht gewöhnlich in ....position.

c Die Partizip-II-Form von *werden* lautet im Passiv ....

d Beim Passiv mit Modalverb steht in der Endposition ein *Infinitiv Passiv*. Man bildet ihn aus der ....-Form eines Verbs und dem .... des Verbs *werden*.

zu Seite 66, 4

__13__ **Die Erfindung des Butterbrots** → GRAMMATIK
Ergänzen Sie das Partizip II.

Die Erfindung des Butterbrots

Das Butterbrot ist im späten Mittelalter ....*erfunden*............. worden. Das hat der Volkskundler Günter Wiegelmann von der Universität Münster .... In seiner Studie über Tischkultur im Hanseraum wird .... , dass „die Sitte, Brotscheiben mit Butter zu bestreichen", nicht vor dem 14. Jahrhundert entstehen konnte. Denn erst in der damaligen Hansezeit habe sich das Salzen der Butter als Konservierungsmethode .... Früheste Spuren des Butterbrots wurden in Verordnungen des Bremer Krameramts von 1339 .... Zehn Jahre danach nannte sich ein Rostocker Bertoldus Botterbroth, stellte Wiegelmann fest. Von Martin Luther wurde die „Putterpomme" dann 1525 als gute Kindernahrung .... Im 18. Jahrhundert wurden die belegten Weißbrotscheiben vom 4. Earl of Sandwich schließlich bekannt ....

erfinden
herausfinden
berichten
durchsetzen
entdecken
beschreiben
machen

LEKTION 5

zu Seite 66, 4

14 Passiv → **GRAMMATIK**

Suchen Sie das richtige Wort und ergänzen Sie dann *werden*
im Präsens und das Partizip II.

schreiben – erwarten – beschreiben – pressen – herstellen – ~~essen~~ – zubereiten –
schneiden – bedienen – kochen – spielen – bringen – stören

a In Japan ....*wird*.... viel Fisch ....*gegessen*.... .

b In dem Rezept .... genau .... , wie man Pfannkuchen macht.

c Wie .... Kartoffelknödel ....?

d Die Spaghetti .... in Salzwasser ....

e Wo waren Sie denn? Sie .... seit einer Stunde von Ihrem Chef ....

f Das „Ruffini" ist eine wirklich tolle Kneipe. Du .... dort vorzüglich .... ,
und meistens .... auch gute Musik ....

g Wie .... das auf Deutsch ....? Mit zwei f?

h Diese Maschinen .... von deutschen Firmen ....

i Die Briefe müssen unbedingt noch heute zur Post ....

j Ich arbeite am liebsten nachts, weil ich dann nicht ....

k Der Salzstangenteig .... durch kleine Löcher .... und die Teigwürste
.... anschließend auf die richtige Länge ....

zu Seite 66, 4

15 Tabelle: Passiv → **GRAMMATIK**

Ergänzen Sie die fehlenden Formen.

a Einfache Formen

	Präsens	Präteritum	Perfekt	Plusquamperfekt
ich		wurde bedient		war bedient worden
du				
er/sie/es				
wir	werden bedient			
ihr				
sie/Sie			sind bedient worden	

b Passiv mit Modalverb

	Präsens	Präteritum	Perfekt	Plusquamperfekt
ich				hatte bedient werden müssen
du	musst bedient werden			
er/sie/es				
wir		mussten bedient werden		
ihr			habt bedient werden müssen	
sie/Sie				

LEKTION 5

zu Seite 66, 4

16 Sätze im Passiv → GRAMMATIK

Schreiben Sie die Sätze im Passiv. Achten Sie dabei auf das Tempus.
Beispiel: Der Ober behandelte uns sehr unfreundlich.
Wir wurden sehr unfreundlich behandelt.

a Der Arzt untersuchte den Patienten.
b Man verwechselt ihn oft mit Helmut Kohl.
c Die Bank hat die Zinsen erhöht.
d Warum verbietet man nicht Filme mit so viel Gewalt?
e Man hat sie sofort operiert.
f Man hat mich nicht gefragt.
g Man bat die Mitglieder, rechtzeitig zu erscheinen.
h Hat jemand die Tür abgeschlossen?
i Ich hoffe, dass er das Essen bald serviert.
j Letzte Woche spielte das Hamburger Sinfonie-Orchester Beethovens „Eroica".

zu Seite 66, 4

17 Passiv mit Modalverben → GRAMMATIK

Bilden Sie Sätze im Passiv.
Beispiel: Man muss das Fleisch noch 20 Minuten kochen.
Das Fleisch muss noch 20 Minuten gekocht werden.

a Man muss den Cocktail gut schütteln.
b Ich bin nicht sicher, ob der Mechaniker das Auto bis morgen reparieren kann.
c Du darfst die leeren Flaschen nicht in den normalen Müll werfen.
d Ich musste die Briefe so bald wie möglich zur Post bringen.
e Sie sollen die Briefe unterschreiben.
f Man musste ihn ins Krankenhaus bringen.
g Wir müssen die Telefonrechnung bis morgen bezahlen.

zu Seite 66, 4

18 Pizzeria Giovanni → GRAMMATIK/WORTSCHATZ

Letzte Woche wurde in der Klenzestraße eine neue Pizzeria eröffnet.
Bis es so weit war, war allerhand zu tun.
Ordnen Sie folgende Wörter den Bildern zu und schreiben Sie Sätze im
Passiv Präteritum unter das jeweilige Bild.

die Pizzeria renovieren, die Wände streichen – gründlich sauber machen –
Bilder aufhängen – Getränke und Lebensmittel einkaufen – Tische und
Stühle bringen und das Restaurant einrichten – Gäste zu einem Glas Sekt
einladen – Kerzen auf die Tische stellen – eine Annonce in der Zeitung
aufgeben / die Eröffnung bekannt geben

Zuerst ....
....
....

Dann ....
....
....

Danach ....
....
....

4

Außerdem

....

....

5

Natürlich

....

....

6

Schließlich

....

....

7

Endlich war es geschafft.

Die Pizzeria wurde eröffnet, und am ersten Abend

....

5

---

zu Seite 66, 4

19   Zustandspassiv → **GRAMMATIK**

putzen und aufräumen – erledigen – zubereiten – Tisch schön decken –
kalt stellen – backen

Beispiel:
Hast du auch an alles gedacht?   *Klar doch! Ist alles erledigt.*

a Ist das Essen schon fertig?   ....
b Hast du auch den Kuchen nicht vergessen?   ....
c Und wie sieht die Wohnung aus?   ....
d Hast du auch an die Kerzen und Blumen gedacht?   ....
e Und die Getränke?   ....
Und der Champagner?   Oh! Den habe ich vergessen!

zu Seite 66, 4

20   Museumsspiel → **SPRECHEN**

Stellen Sie sich vor, Sie sind Museumsführer/in
im Jahr 2300 und müssen einer Gruppe von Touristen die Funktion
verschiedener „historischer" Gegenstände, die es in vergangenen
Jahrhunderten gab, erklären. Im Jahr 2300 sieht das Leben natürlich
ganz anders aus als heute:

- Es gibt kein Essen und Trinken mehr.
  Die Menschen ernähren sich von Pillen.
- Man liest nicht mehr Zeitung. Man informiert sich nur durch elektronische Medien.
- Man schreibt nicht mehr. Die Kommunikation erfolgt nur über Videos.
- Man heiratet nicht mehr.
- Man fährt nicht mehr, sondern bewegt sich schwebend fort.
- Alles ist hygienisch. Es gibt keinen Schmutz.

Suchen Sie sich drei „historische" Gegenstände aus und erklären Sie –
wenn möglich im Passiv –, was damit gemacht wurde. Ihre Mitschüler
dürfen „dumme" Fragen stellen.
Beispiel: ● *Wozu wurde dieses Gerät benutzt?*
         ▲ *Das ist ein Staubsauger. Damit wurde sauber gemacht.*
         ● *Was ist „sauber"?*

zu Seite 67, 2

21   Kurskochbuch → **SCHREIBEN**

Schreiben Sie ein Rezept zu einem typischen Gericht aus Ihrem
Heimatland. Sammeln Sie alle Rezepte in der Klasse und machen Sie
Ihr eigenes Kurskochbuch.

Paella aus Spanien

Souflaki aus Griechenland

Kuskus aus Marokko

Sukiyaki aus Japan

Pizza aus Italien

FONDUE AUS DER SCHWEIZ

1
LERNER-CD 17

Gedicht

a Hören Sie das folgende Gedicht von Ernst A. Ekker, ohne es zu lesen.

b Lesen Sie das Gedicht laut und betont.

Pudding-Lied   (mit 99 Strophen ...!)

Himbeerpudding,	Fürchte dich nicht	
zitterst ja!	und lass dir schwör'n:	(2. Strophe: Vanillepudding,
Sind doch keine	Ich habe dich	zitterst ja! usw. 3. Strophe:
Feinde da ...	zum Fressen gern!	Brombeerpudding usw.)

c Machen Sie eigene Strophen.

2
LERNER-CD 18

Wortpaare *b* – *w*

Welches Wort hören Sie? Unterstreichen Sie das Wort, das Sie hören.

Bar	wahr	Brise	Wiese	Bein	Wein
Bistro	wieso	Bann	wann	Bäcker	Wecker
Bissen	wissen	binden	winden	bellt	Welt
bald	Wald	braten	warten	Bild	Wild
bitter	Wetter	Bier	wir	Berg	Werk

3
LERNER-CD 19
LERNER-CD 20

Wortpaare *v* – *w*

a Hören Sie zuerst einmal alle Wortpaare.

b Hören Sie die Wortpaare noch einmal einzeln und sprechen Sie nach.

Vegetarier	verspeisen	Avocado	vorsichtig
Vanille	vierzig	Vitrine	Viertel
Variation	Vater	Service	vielseitig
Reservierung	vielleicht		

c Ergänzen Sie die Regel.
In Fremdwörtern, d.h. Wörtern, die aus dem Lateinischen oder dem
Griechischen kommen, spricht man *v* wie ....
Beispiele: *Variation* ....
In „deutschen" Wörtern spricht man *v* wie ....
Beispiele: ....

4
LERNER-CD 21

Essen

Hören Sie und sprechen Sie nach.

- Vanilleeis mit heißen Himbeeren.
- Bunter Blattsalat mit feiner Vinaigrette.
- Ein Viertel Weißwein.
- Ravioli mit Spinatfüllung.

- Vegetarische Pizza.
- Whisky mit Eiswürfeln.
- Vitaminreicher frischer Feldsalat.

5
LERNER-CD 22

b und *w*

a Hören Sie die folgenden Sätze und sprechen Sie nach.

- Bald bringt er braune Bretter.
- Wir werden es im Winter wohl wissen.
- Die beiden tranken im Bistro fünf Bier.
- Wollt ihr wirklich bei diesem Wetter wandern?

b Machen Sie selbst Sätze, in denen die Buchstaben *b* und *w* möglichst oft
vorkommen. Lesen Sie die Sätze in der Klasse vor. Ihre Lernpartnerinnen/
Lernpartner müssen sie wiederholen.

Lernkontrolle: Was haben Sie in diesem Kapitel gelernt?

Kreuzen Sie an.

Ich kann ...

Lesen	☐ ... mithilfe von Anzeigentexten für verschiedene Personen passende Restaurants auswählen.
	☐ ... einer Restaurantkritik die Beurteilung einzelner Speisen entnehmen.
	☐ ... Feinschmeckertipps aus einer Zeitschrift rekonstruieren.
Hören	☐ ... Interviews mit Mitarbeitern und Gästen eines Restaurants in den wichtigen Punkten verstehen.
	☐ ... der Beschreibung des Herstellungsprozesses von Salzstangen in den einzelnen Schritten folgen.
Schreiben – Produktion	☐ ... im Rahmen einer Internet-Recherche Tipps zum Ausgehen in einer Stadt notieren.
	☐ ... ein Rezept für eine Speise oder ein Getränk verfassen.
Sprechen – Produktion	☐ ... den Geschmack bestimmter deutscher Speisen beurteilen und diese mit Speisen aus meiner Heimat vergleichen.
	☐ ... in einem Spiel erklären, was man früher mit bestimmten Gegenständen gemacht hat.
Sprechen – Interaktion	☐ ... mich über das Thema *Ausgehen am Wochenende* und die passenden Zeitpunkte für bestimmte Aktivitäten austauschen.
Wortschatz	☐ ... die verschiedenen Mahlzeiten des Tages sowie Speisen und Getränke richtig benennen.
	☐ ... den Geschmack und die Qualität von Speisen beschreiben.
Grammatik	☐ ... Sätze mithilfe von verknüpfenden Elementen zu flüssigen Texten zusammensetzen.
	☐ ... Vorgänge mithilfe des Passivs beschreiben.
	☐ ... Vorgangs- und Zustandspassiv einsetzen.

Sprechen Sie mit Ihrer Kursleiterin / Ihrem Kursleiter über Tipps zum Weiterlernen.

Verben

auftreten

beschimpfen

bewundern

engagieren

entwerfen

frisieren

handeln von + *Dat.*

schminken

schreien

sich ausdenken

sich vorbereiten auf + *Akk.*

Nomen

der Abenteuerfilm, -e

der Action-Film, -e

der Amateurfilm, -e

die Aufnahme, -n

der Auftritt, -e

die Auszeichnung, -en

der Autor, -en

die Bühne, -n

der Darsteller, -

das Drehbuch, -̈er

der Erfolg, -e

die Garderobe, -n

das Grab, -̈er

die Handlung, -en

der Hauptdarsteller, -

der Held, -en

die Herkunft

der Kameramann, -̈er

die Komödie, -n

das Kostüm, -e

der Kostümdesigner, -

der Krieg, -e

die Leinwand, -̈e

das Make-up

der Produzent, -en

die Regie

der Regisseur, -e

die Rolle, -n

der Schauspieler, -

der Soldat, -en

der Star, -s

der Stummfilm, -e

die Szene, -n

das Temperament, -e

der Tonfilm, -e

der Umgang mit + *Dat.*

die Uraufführung, -en

die Werbung

der Western, -

der Zeichentrickfilm, -e

Adjektive/Adverbien

anhänglich

attraktiv (un-)

aufregend

begehrenswert

bewundert von + *Dat.*

charmant

dekadent

einfallsreich

einfühlsam

erfolgreich

ernst

extravagant

humorlos

klassisch

melancholisch

naiv

professionell (un-)

raffiniert

sachlich (un-)

schrecklich

selbstbewusst

selbstsicher

sinnlich

spannend

spektakulär (un-)

umstritten (un-)

unterhaltsam

witzig

Konnektoren

aus diesem Grund

da

daher

darum

denn

dennoch

deshalb

deswegen

obwohl

trotzdem

Ausdrücke

Aufnahmen machen

die Nerven verlieren

einen Film nominieren

einen Roman verfilmen

im Mittelpunkt stehen

jemanden im Stich lassen

mit jemandem in Streit geraten

__1__   Wortschatz systematisieren → WORTSCHATZ

Ordnen Sie Wörter aus der Wortliste in die Tabelle ein.

Welche Filme gibt es?	Was braucht man, um einen Film zu machen?	Personen beim Film	Wie kann man einen Film beschreiben?
Abenteuerfilme	Drehbuch	Schauspieler	spannend

LEKTION 6

zu Seite 71, 5

2 Regeln zum Relativsatz → GRAMMATIK

a Sehen Sie sich den Beispielsatz an:

Der Film, der gerade im Kino läuft, ist spannend.

Wiederholen Sie die Regeln zum Relativsatz.
Kreuzen Sie an, was richtig ist.

1 Ein Relativsatz

☐ gibt eine Begründung.
☐ spezifiziert ein Nomen.
☐ drückt einen Gegensatz aus.

2 Ein Relativsatz ist ein Nebensatz. Deshalb steht das Verb

☐ am Anfang.
☐ an zweiter Position.
☐ am Ende.

3 Ein Relativsatz

☐ steht immer am Ende eines Satzes.
☐ steht meist hinter dem Nomen, das er näher bestimmt.
☐ steht immer vor dem Hauptverb des Satzes.

b Unterstreichen Sie jeweils die Gemeinsamkeiten in den beiden Sätzen
und verbinden Sie die Sätze durch ein Relativpronomen.
Beispiel: *Der Schauspieler war sehr bekannt. Er hat in vielen Krimis gespielt.*
Der Schauspieler, der in vielen Krimis gespielt hat, war sehr bekannt.

1 Er hat das Buch gekauft. Es hat ihn interessiert.
2 Ich bin mit Peter ins Kino gegangen. Ich hatte ihn ganz zufällig getroffen.
3 Herr Müller wartet schon am Eingang. Seine Frau arbeitet auch bei uns.
4 Wo ist der Zettel? Ich habe eine Telefonnummer darauf geschrieben.
5 Markus ist ein Freund. Man kann sich auf ihn verlassen.

zu Seite 71, 5

3 Ergänzen Sie das Relativpronomen. → GRAMMATIK

a *die Schauspielerin,*
........die........ in Deutschland so bekannt ist
.... in vielen Filmen die Rolle der Bösen gespielt hat
.... Mann auch Schauspieler ist
mit .... Harrison Ford gespielt hat
über .... im Fernsehen so viel berichtet wurde
.... ich erst kürzlich in einem Interview gesehen habe
von .... ein Foto in der Zeitung war
für .... nur Erfolg wichtig ist
mit .... ich mich gern über Filme unterhalten würde
.... Image so schlecht ist

b *der Film,*
.... ich letzte Woche im Kino gesehen habe
.... vor einem Jahr im Kino lief
.... du so toll findest
.... in Deutschland ein Flop war
.... Peter mir empfohlen hat
.... es jetzt als Video gibt
.... Regisseur Steven Spielberg war
über .... wir so viel gelacht haben
für .... du dich so interessierst

AB 76

c *das Buch,*

.... zu dem Film geschrieben wurde

.... als Vorlage zu dem Film gedient hat

.... lange Zeit ein Bestseller war

.... Autor auch in Deutschland bekannt ist

über .... so viel in den Zeitungen geschrieben wurde

zu .... ein Film gedreht wurde

mit .... ich nichts anfangen kann

.... Sinn ich nicht verstanden habe

.... mich so gelangweilt hat

zu Seite 71, 7

4 Relativsätze → GRAMMATIK

Ergänzen Sie das Relativpronomen.

a Ich glaube, es war Peter, ...*dem*........ das mal wieder eingefallen ist.

b Die Touristen, ... ich ein Hotel empfohlen habe, waren sehr freundlich.

c Ich bin mit vielem, ... er gesagt hat, nicht einverstanden.

d Du bist der Mann, auf .... ich mein ganzes Leben lang gewartet habe.

e Die Universität, an .... wir studieren, liegt am Bodensee.

f Da ist nichts dabei, ... mir gefallen hat.

g Mir gefallen die Bilder dieses Künstlers, ... Ausstellung in der Kunstgalerie war.

h Der Freund, ... du mir auf deinem Fest vorgestellt hast, war mir sehr sympathisch.

i Ich kann diese Gabi, ... du ja gern magst, nicht leiden.

j Wann kommt endlich die Pizza, ... ich vor einer Stunde bestellt habe?

k Ich liebe den Kuchen, ... meine Oma immer macht.

l Wo ist denn das Kino, ... immer alte Filme laufen?

m Alles, ... ich gelernt habe, habe ich vergessen.

zu Seite 71, 7

5 Bilderrätsel → WORTSCHATZ/GRAMMATIK

Schreiben Sie Definitionen, benutzen Sie dabei einen Relativsatz.

Beispiel: Was ist ein Drehbuchautor?

> *Drehbuchautor: das Drehbuch + der Autor*
> *Ein Drehbuchautor ist ein Autor, der das Drehbuch zu einem Film schreibt.*

Was ist ...

ein Mondgesicht?   ein Notizbuch?   ein Liebesbrief?   ein Luftballon?

ein Bierbauch?   eine Reisetasche?   eine Brieftaube?   ein Stummfilm?

eine Giftschlange?   ein Seeräuber?   eine Flaschenpost?   ein Regenwurm?

LEKTION 6

zu Seite 71, 7

6   Spiel: Personen raten → GRAMMATIK

Jede Kursteilnehmerin / Jeder Kursteilnehmer schreibt fünf Relativsätze
zu einer berühmten Person auf ein Blatt Papier und liest sie anschließend vor.
Die anderen müssen raten, um welche Person es sich handelt.
Beispiele: *Es ist eine Person, die aus Deutschland kommt.*
              Es ist jemand, der sehr reich ist.

zu Seite 72, 5

7   Kreuzworträtsel → WORTSCHATZ

Was gehört alles zum Thema *Film*? Füllen Sie das Kreuzworträtsel aus.

a Wichtig beim (12) sind nicht nur die (4), die die Szenen spielen,
sondern natürlich auch die Leute hinter der (5).

b Zuerst müssen die Darsteller in die (11). Dort muss man sie (10), damit
sie für ihre Rolle gut aussehen.

c Der Kameramann macht die (6) der verschiedenen Szenen.

d Der Platz, wo ein Film gedreht wird, heißt (8).

e Bevor es den Tonfilm gab, konnten nur (15) gedreht werden.

f Joseph von Sternberg hat die (9) in dem Film „Der Blaue Engel" geführt.

g Rainer Werner Fassbinder hat viele Filme gedreht. Er war einer der berühm-
testen (1) der deutschen Filmgeschichte.

h Sollen wir mal wieder ins (13) gehen? Zurzeit gibt es ganz gute Filme.

i Nicht eine Komödie, sondern eine (7).

j Er hat die wichtigste (14) in dem Film gespielt.

k Zu jedem Film muss erst ein (3) geschrieben werden.

l Ich mag lustige Filme. Bei dieser (2) habe ich mich sehr amüsiert und
viel gelacht.

16: Lösung: Walt Disney hat viele .... gemacht.

zu Seite 72, 5

__8__ Filmkritik: „Die furchtlosen Vier" → **LESEN**

a Lesen Sie die folgende Filmkritik und ergänzen Sie die fehlenden Wörter.

Zeichentrickfilm – Kinospaß – Musik – Computerspezialisten –
Regisseur – Trickstudio – Sprecher – Fassung

DIE FURCHTLOSEN VIER

*In dieser äußerst liebenswerten Variante der
„Bremer Stadtmusikanten" kämpft eine Tierkapelle
ums Überleben – und zeigt, wie gut deutscher
Trickfilm sein kann.*

Deutschland 1997

Regie/Produktion: Eberhard Junkersdorf,
Jürgen Richter, Michael Coldewey

Sprecher: Mario Adorf, Sandra Schwarzhaupt,
Peer Augustinski

Länge: 84 Minuten

Zeichentrick-Märchen

„Etwas Besseres als den Tod findest du überall", lautet das Motto von Hund
Buster, Esel Fred, Katze Gwendolyn und Hahn Tortellini. Nachdem sie nur
mit knapper Not ihren Besitzern entkommen sind, wollen sie ihr Glück als
Straßenmusikanten machen. Durch Zufall landet das Quartett in Bremen.
Dort hat ihnen der gemeine Dr. Gier das Singen verboten. Trotzdem geben
sie ihr erstes Konzert. Statt Hund, Esel, Katze und Hahn aus der Stadt zu
jagen, bietet ihnen Dr. Gier einen lukrativen Werbevertrag für den Mix-
Max-Würstchenkonzern. Die Kapelle wird bald berühmt. Doch dann merken die Freunde, dass sie mit dem Vertrag auch ihre Seele verkauft haben.
Aber so schnell geben die „Furchtlosen Vier" nicht auf.

Hintergrund

Drei Jahre arbeiteten 30 Zeichner und 120 ....Computerspezialisten........
an dem Abenteuer, für das der .... und
Produzent Eberhard Junkersdorf eigens ein ....
gegründet hat. Neben der deutschen wird auch eine englische ....
.... produziert.

Kritik

„Die furchtlosen Vier" sind ein gutes Beispiel dafür, dass der ....
.... made in Germany den Vergleich mit Disney-
Produktionen nicht zu scheuen braucht. Flotte .... ,
sehr gute .... wie Mario Adorf und jede Menge
Situationskomik machen den .... perfekt.

b Die Geschichte von den Bremer Stadtmusikanten gehört zu den
bekanntesten Märchen der Brüder Grimm.
Bringen Sie die folgenden Textstücke in die richtige Reihenfolge, sodass sich eine Zusammenfassung des Märchens ergibt. Achten Sie
dabei auf die unterstrichenen Wörter.

1	2	3	4	5	6	7
A						

A Ein Esel wird von seinem Besitzer schlecht behandelt, geschlagen und schließlich aus dem Haus gejagt, weil er alt und nutzlos geworden ist.

B Die beiden lernen noch eine Katze und einen Hahn kennen. Alle vier beschließen, zusammenzubleiben und gemeinsam nach Bremen zu gehen, um dort Musik zu machen.

C Da entdecken die Tiere ein Haus, in dem eine Räuberbande gerade ein Fest feiert. Weil die vier essen und schlafen wollen, machen sie einen Plan, wie sie die Räuber aus dem Haus vertreiben können.

D Deshalb beschließt er, nach Bremen zu gehen, um dort glücklicher zu werden. Auf dem Weg trifft er einen Hund, der ebenfalls von seinem Herrn verstoßen wurde, und überredet ihn mitzukommen.

E Von nun an trauen sich die Räuber nicht mehr in ihr Haus zurück. Den Bremer Stadtmusikanten gefällt es in ihrem neuen Heim aber so gut, dass sie für immer dort bleiben.

F Als es auf dem Weg dorthin dunkel wird, suchen sie einen Platz, wo sie übernachten können.

G So kommt es zu dem berühmten Akrobatenstück: Esel, Hund, Katze und Hahn bilden eine Pyramide und machen laut Musik. Damit erschrecken sie die Räuber so sehr, dass diese in die Flucht geschlagen werden.

`zu Seite 75, 7`

9 **Kausale Konnektoren** → **GRAMMATIK**

a Welche Sätze passen zusammen?
Verbinden Sie die Sätze mit *weil / denn / deshalb / aus diesem Grund*.

Karin findet den Film toll.	ich mir oft deutsche Filme ansehe.
Mein Deutsch wird immer besser,	ist sie weltbekannt geworden.
Ich bin zu spät ins Bett gegangen,	der Film so langweilig war.
Ich bin im Kino eingeschlafen,	habe ich mir eine Videokassette über den Nationalpark „Bayerischer Wald" ausgeliehen.
Sie hat in einem berühmten Film mitgespielt.	ich habe im Fernsehen einen spannenden Film gesehen.
Ich liebe Naturfilme.	möchte ich ihn auch sehen.

Deshalb

b Schreiben Sie die Sätze in Ihr Heft und ordnen Sie sie den Gruppen 1, 2 und 3 (vgl. Kursbuch Seite 80, 2a) zu.

`zu Seite 75, 7`

10 **Ergänzen Sie die Sätze.** → **GRAMMATIK**

a Ich bin glücklich, weil ...
b Ich gehe ins Kino, denn ...

LEKTION 6

c Er liebt sie so sehr. Deshalb ...
d Ich habe ein schlechtes Gewissen, denn ...
e Deutschland gefällt mir (nicht), weil ...
f Ich werde leicht rot. Aus diesem Grund ...
g Ich ärgere mich, weil ...

zu Seite 75, 8

11 Konzessive Konnektoren → GRAMMATIK

Verbinden Sie die Sätze mit *aber/obwohl/trotzdem/dennoch*.

Beispiel: Ich habe nur Schlechtes über den Film gehört. Mir hat er
ganz gut gefallen. (aber)

*Ich habe nur Schlechtes über den Film gehört, aber mir hat
er ganz gut gefallen.*

a Er ist ein sehr bekannter Schauspieler. Er spielt in dem neuen Film
nur eine kleine Nebenrolle. (obwohl)
b Ich hatte hohes Fieber. Ich bin ins Kino gegangen. (trotzdem)
c Er ist erst fünf Jahre alt. Er hat sich einen Krimi angesehen. (obwohl)
d Mein Deutsch ist eigentlich nicht schlecht. Ich habe den Film
überhaupt nicht verstanden. (dennoch)
e Der Film war langweilig. Er hat eine sehr gute Kritik bekommen. (trotzdem)
f Ich sehe mir eigentlich nie Krimis an. Heute habe ich eine Ausnahme
gemacht. (aber)

zu Seite 75, 8

12 *aber, obwohl, trotzdem, dennoch* → GRAMMATIK

a Ergänzen Sie die Sätze.
1 Er will Schauspieler werden, obwohl ...
2 Sie sind schon seit 20 Jahren verheiratet. Trotzdem ...
3 Sie ist Vegetarierin. Dennoch ...
4 Der Film war nicht schlecht, aber ...
5 Ich gehe heute ins Kino, obwohl ...
6 Sie ist sehr attraktiv. Trotzdem ...
7 Ich gehe heute Abend nicht ans Telefon, obwohl ...
8 Er hat den Film schon dreimal gesehen, aber ...

b Formulieren Sie die Sätze 1, 5 und 7 so um, dass sie mit dem Nebensatz beginnen.
Beispiel: *Obwohl er kein Talent hat, will er Schauspieler werden.*

zu Seite 75, 8

13 Gründe und Gegengründe → GRAMMATIK

Ergänzen Sie kausale oder konzessive Konnektoren.

a Ich habe Lust spazieren zu gehen, ...*denn*...... das Wetter ist so schön.
b Du bekommst einen dicken Kuss von mir, ... ich mich
so über dein Geschenk gefreut habe.
c Ich wollte mal wieder deine Stimme hören. .... habe
ich dich angerufen.
d Er hat immer schlechte Laune. .... kann er manchmal
ganz nett sein.
e .... er sehr reich ist, ist er immer schlecht angezogen.
f Hier gibt es keine Universität. .... ist Anna nach dem
Abitur nach München umgezogen.
g Er hat sich einen Computer gekauft, ... er nichts
davon versteht.

h Er macht sich nichts aus klassischer Musik. .... geht er in ein Bach-Konzert.

i Soll ich das essen, ... ich überhaupt keinen Hunger habe?

j Sie wohnt noch bei ihren Eltern, ... sie hat kein Geld für eine eigene Wohnung.

k Sie hat sich schon viele Wohnungen angesehen, ... sie hat noch nicht die Richtige gefunden.

zu Seite 75, 9

14   Spiel: Geschichten erzählen → GRAMMATIK   *Spiel*

Eine Kursteilnehmerin / Ein Kursteilnehmer bildet einen Satz, der mit einem Konnektor endet. Die/Der Nächste muss diesen Satz beenden und einen neuen Satz hinzufügen, der ebenfalls mit einem Konnektor endet. Sie können alle Konnektoren benutzen (*weil/denn/deshalb/obwohl/ trotzdem/und/aber/oder/als/wenn ...*)

Beispiel: Kursteilnehmer/in 1:   *Frau Schulze wollte ins Kino gehen. An der Kinokasse wurde sie plötzlich ganz nervös, weil ...*

Kursteilnehmer/in 2:   *weil sie ihr Geld vergessen hatte. Deshalb ...*

Kursteilnehmer/in 3:   *Deshalb musste sie sich etwas ausdenken. Aber ...*

zu Seite 76, 1

15   Jenseits der Stille → LESEN

JENSEITS DER STILLE   *Videotipp*

Deutschland 1996   *Regie:* Caroline Link

Der deutsche Debüt-Film „Jenseits der Stille" von Caroline Link war 1998 für den Oscar in der Kategorie „bester fremdsprachiger Film" nominiert.

Bringen Sie die folgenden Textabschnitte in eine sinnvolle Reihenfolge.

1 Das Mädchen Lara, Tochter gehörloser Eltern, bekommt zu Weihnachten von seiner Tante eine Klarinette geschenkt.

☐ Aber Lara entscheidet sich schließlich, auch wenn es sehr schwierig für sie ist, für das Leben „jenseits der Stille".
Das Erwachsenwerden und der langsame Abschied vom Elternhaus werden für Lara schmerzliche und traurige Erfahrungen.

☐ Da entdeckt sie ihre Liebe zur Musik und stößt dabei auf das Unverständnis ihrer Eltern, vor allem ihres Vaters.

☐ Die Welt der Musik und die Welt der Eltern, die nicht hören und sprechen können, scheinen nicht vereinbar, und Lara ist zwischen den beiden hin- und hergerissen.

☐ Mit 18 beschließt sie sogar, nach Berlin zu gehen, um dort die Aufnahmeprüfung für das Konservatorium zu machen.

ÜBER DAS LEBEN, DIE LIEBE UND DEN KLANG DES SCHNEES.

LEKTION 6

zu Seite 76, 2

16 Situationen → SPRECHEN

Ordnen Sie den folgenden Situationen die passenden Sätze zu.
Schreiben Sie die Sätze fertig.

a Ihr Freund will sich einen Action-Film im Kino ansehen.
Sie mögen aber Action-Filme überhaupt nicht. Lehnen Sie höflich ab
und machen Sie einen anderen Vorschlag.

b Ein japanischer Arbeitskollege möchte Sie zum Essen einladen.
Sie wollten schon immer einmal japanisch essen gehen.

c Ihr Freund will einen gemütlichen Videoabend verbringen. Sie haben
keine Lust dazu. Machen Sie einen anderen Vorschlag.

d Sie möchten sich ein Fußballspiel im Fernsehen ansehen. Schlagen Sie
Ihrer Frau / Ihrem Mann vor, ein paar Freunde einzuladen, damit Sie
sich gemeinsam das Spiel ansehen können.

e Ihre Lehrerin findet, dass sich die Klasse auch einmal außerhalb der
Schule treffen sollte. Sie möchte ein Klassentreffen am Wochenende
organisieren.
Sie finden die Idee toll, haben aber am Wochenende keine Zeit. Sie
machen einen Gegenvorschlag.

☐ „Das ist eine ....! Das wollte ich schon immer
mal probieren."

☑ „Ach, tut mir leid, diese Art von Filmen mag ich überhaupt nicht. Was hältst du
....?"

☐ „Das ist ein .... *guter Vorschlag* ....! Aber leider habe ich schon
etwas vor. Wir könnten uns aber natürlich ...."

☐ „Wie wär's, wenn wir ...."

☐ „Na ja, ich weiß nicht. Ich hätte ....
Lass uns doch ....!"

zu Seite 77, 3

17 Lerntipp → SCHREIBEN

Lerntipp

Selbstkorrektur
Wenn Sie im Kurs oder als Hausaufgabe einen Brief oder Aufsatz in
deutscher Sprache geschrieben haben, tauschen Sie Ihre Texte mit einer
anderen Kursteilnehmerin / einem anderen Kursteilnehmer aus und korrigieren Sie sich gegenseitig. Sprechen Sie anschließend über die Fehler.
Schreiben Sie dann den ganzen Text noch einmal fehlerfrei in Ihr Heft.

a Lesen Sie folgende Filmkritik von einem nicht deutschsprachigen
Schüler und korrigieren Sie die unterstrichenen Stellen.

Der Film mit <u>der</u> Titel „Knocking on Heaven's Door"[1] wurde im Jahr   .... *dem* ....
1996 gedreht. Die Hauptrollen spielen Til Schweiger und Josef Liefers.

Die Handlung kann man in wenigen Sätzen so zusammenfassen:
Martin Brest hat einen Tumor im Kopf und Rudi Wurlitzer hat Kno-
chenkrebs. Diagnose: Beide sind so gut wie tot. Doch noch bleibt für
<u>ihnen</u> ein bisschen Zeit, <u>um</u> leben. So intensiv, so verrückt wie niemals   ....
<u>vor</u>. Und da Rudi <u>möchte</u> einmal in seinem Leben das Meer   ....

sehen, ist es für Martin klar, ihm es zu zeigen. In ein gestohlenen Mercedes machen sie sich auf, ihr letztes großes Abenteuer zu leben, und lassen alles hinter sich: die Polizei, Killer und die Angst vor das Sterben.

Der Film ist spannend, es gibt viel Action, aber es fließt kein Blut. Die Schauspieler sind überzeugt. Trotzdem es viele lustige Dialoge und verrückte Szenen gibt, vergisst der Zuhörer nicht, dass es sich um ein ernstes Thema handelt.

Diese Mischung aus Komödie, Tragik und Action gefällt mir. Der Film ist optimistisch und macht Mut zum Leben.

[1]dt.: An der Himmelspforte anklopfen

b Schreiben Sie für die Kurszeitung eine Kritik zu einem Film, den Sie ganz toll oder ganz furchtbar fanden. Machen Sie sich zuerst Notizen zu folgenden Punkten und formulieren Sie dann ganze Sätze.

- **Information:** Nennen Sie den Titel des Films und was Sie sonst noch über ihn wissen.
- **Inhalt:** Fassen Sie kurz zusammen, um was es in dem Film geht.
- **Eigene Meinung:** Erläutern Sie kurz, warum Ihnen der Film gefallen / nicht gefallen hat (Schauspieler, das Thema, das Ende, die Geschichte, die Aufnahmen usw.).

c Tauschen Sie Ihre Filmkritik mit Ihrer Lernpartnerin / Ihrem Lernpartner aus und korrigieren Sie Ihre Texte gegenseitig.

zu Seite 78, 5

18 Interpretation: Lied → LESEN/WORTSCHATZ

Setzen Sie die folgenden Wörter in den Text unten ein.

Blumen – Gräbern – Krieg – Leben – Natur – Sinnlosigkeit – Tod – zerstört

„Sag mir, wo die Blumen sind" ist ein Lied gegen den ....Krieg.............. . Niemand bleibt im Krieg verschont. Alles wird .... – sowohl die Menschen als auch die .... Mit dem Refrain „Wann wird man je verstehen?" nach jeder Strophe werden die Aussichtslosigkeit und die .... eines Krieges zum Ausdruck gebracht. Das Lied ist zyklisch aufgebaut. Es beginnt mit den ...., die die Mädchen pflücken. Beide sind Symbol für das .... Die jungen Mädchen haben es noch vor sich. Dann jedoch bricht der Krieg aus, der den .... vieler Soldaten mit sich bringt. Die Mädchen, die zurückbleiben, pflücken jetzt die Blumen von den .... Text und Musik dieses weltbekannten Liedes sind von Pete Seeger; ins Deutsche wurde es von Max Colpet übersetzt. Es wurde in vielen Sprachen und von vielen verschiedenen Interpretinnen gesungen.

zu Seite 78, 6

19 Indirekte Fragesätze → GRAMMATIK

Formen Sie die folgenden Fragen in indirekte Fragen um.
Beginnen Sie mit: *Können Sie mir sagen, ...?* oder *Wissen Sie, ...?*
Beispiel: Wie heißt der Film?
     Können Sie mir sagen, wie der Film heißt?

a Welche Schauspieler spielen mit?
b Wie lange hat der Film gedauert?
c Wer hat in dem Film mitgespielt?
d Wo wurde der Film gedreht?
e Wie viel hat die Filmproduktion gekostet?
f In welchem Kino kann ich mir den Film ansehen?

LEKTION 6 – *Aussprachetraining*

die Konsonanten pf – f – ps

1 Gedicht

LERNER-CD 23

a Hören Sie die erste Strophe eines Gedichts von Christian Morgenstern.

Schlaf, Kindlein, schlaf,
am Himmel steht ein Schaf;
das Schaf, das ist aus Wasserdampf
und kämpft wie du den Lebenskampf,
Schlaf, Kindlein, schlaf.

b Lesen Sie die Strophe laut.

2 Wortpaare *pf – f*

LERNER-CD 24

Welches Wort hören Sie? Unterstreichen Sie das Wort, das Sie hören.

Pflug	Flug
pflücken	Flüge
Pflaume	Flaum
Pflanze	Flamme
Pfote	Flotte
Kopf	Koffer
Apfel	Affe

3 Zungenbrecher

LERNER-CD 25

a Hören Sie die Texte von Josef Guggenmos einmal.

Fliegen, die fliegen, heißen Fliegen, weil sie fliegen,
aber Fliegen, die sitzen, heißen nicht Sitzen,
obwohl sie sitzen, sondern Fliegen, wie die Fliegen,
die fliegen.

Förster Franz und die Füchse
Förster Franz wollte fünf Fahrrad fahrende flinke,
flotte Füchse fangen, aber die fünf Fahrrad fahrenden
flinken, flotten Füchse fuhren im Forst flink und
flott auf und davon. Und klingelten zum Hohn.

b Sprechen Sie die Gedichte mehrmals schnell nach, möglichst
ohne Fehler zu machen.

4 *ps* am Wortanfang

LERNER-CD 26

Hören Sie und sprechen Sie nach.

Psychothriller
Psychologe
Psychologie
Psyche
psychisch
Pseudonym
Psychiater
Psychotherapie
Psychosomatik

AB 85

Lernkontrolle: Was haben Sie in diesem Kapitel gelernt?

Kreuzen Sie an.

Ich kann ...

Lesen
- ☐ ... einem Lexikon detaillierte biografische Angaben über die Regisseurin Caroline Link entnehmen.
- ☐ ... die Hauptinhaltspunkte eines Artikels über den Film *Der blaue Engel* aus einem Filmlexikon auffinden.
- ☐ ... Einzelheiten über den Film anhand von Schlüsselwörtern und Fragen verstehen.

Hören
- ☐ ... im Dialog einer Filmszene die Gefühle und Ziele der Figuren und ihre Beziehung zueinander verstehen.
- ☐ ... den Inhalt des gesungenen Liedes *Sag mir, wo die Blumen sind* erfassen.

Schreiben – Produktion
- ☐ ... einen Artikel für eine Kurszeitung über die eigene Lieblingsschauspielerin verfassen.
- ☐ ... eine einfache Filmkritik verfassen.

Sprechen – Produktion
- ☐ ... Personen auf einem Foto beschreiben und über die Filmhandlung spekulieren.
- ☐ ... Filmszenen aus *Nirgendwo in Afrika* interpretieren.
- ☐ ... nach Stichworten den Lebenslauf der Filmregisseurin Caroline Link zusammenfassen.
- ☐ ... die Ergebnisse eines Interviews präsentieren.

Sprechen – Interaktion
- ☐ ... in einem Planungsgespräch Vorschläge für einen Videoabend machen, begründen und mich mit jemandem auf einen Film einigen.
- ☐ ... ein Interview zum Thema *Deutsche Filme* bzw. *Deutsche im Film* durchführen.

Wortschatz
- ☐ ... allgemein verständliche Fachausdrücke zur Filmproduktion und zu Filmgenres verwenden.

Grammatik
- ☐ ... mithilfe kausaler und konzessiver Konnektoren Gründe und Gegengründe nennen.
- ☐ ... kausale und konzessive Sätze mithilfe verschiedener Satzstrukturen variieren.
- ☐ ... Relativsätze korrekt bilden.
- ☐ ... indirekte Fragen mit korrekter Wortstellung bilden.

Sprechen Sie mit Ihrer Kursleiterin / Ihrem Kursleiter über Tipps zum Weiterlernen.

Verben

abreisen

abstimmen auf + *Akk.*

ausgehen von + *Dat.*

ausreisen

bereisen

bitten um + *Akk.*

erforschen

gelangen zu + *Dat.*

herausnehmen

rechnen mit + *Dat.*

rollen

schleppen

sich leisten

teilnehmen an + *Dat.*

übernachten

verreisen

warten auf + *Akk.*

Nomen

das Abenteuer, -

das Angebot, -e

die Anreise, -n

die Anzeige, -n

die Arznei, -en

der Ausflug, ̈e

die Ausrüstung, -en

die Bildungsreise, -n

der Campingplatz, ̈e

die Checkliste, -n

die Dienstreise, -n

die Eisenbahn, -en

die Erholung

die Exkursion, -en

die Expedition, -en

die Fähre, -n

der Flughafen, ̈

der Föhn, -e

das Gepäck

der Geschäftsführer, -

die Heimat

das Hotel, -s

die Individualreise, -n

die Jugendherberge, -n

die Klubreise, -n

die Kreuzfahrt, -en

der Kulturbeutel, -

der Kurzurlaub, -e

das Motel, -s

die Nachfrage

das Parfüm, -s

die Pauschalreise, -n

die Pension, -en

das Raumschiff, -e

die Reiseagentur, -en

der Reiseveranstalter, -

die Rückkehr

die Rucksacktour, -en

die Rundreise, -n

der Schalter, -

die Seife, -n

der Stau, -s

der Tarif, -e

die Unterhaltung

die Unterkunft, ̈e

das Verkehrsmittel, -

die Währung, -en

die Weltreise, -n

das Wohnmobil, -e

der Wohnwagen, -

das Zelt, -e

das Ziel, -e

der Zwischenraum, ̈e

Adjektive/Adverbien

außergewöhnlich

bepackt

bequem (un-)

ehemalig

empfindlich (un-)

geeignet (un-) für + *Akk.*

gewöhnlich (un-)

inklusive

komfortabel (un-)

sicherheitshalber

Ausdrücke

auf eigene Faust

Bescheid bekommen

das Geschäft boomt

das ist Schnee von gestern

den Horizont erweitern

einen Auftrag ausführen

Freude ausdrücken

Land und Leute kennenlernen

Sehnsucht haben nach + *Dat.*

sich Gedanken machen über + *Akk.*

__1__ Spiel: Reise-Domino → **WORTSCHATZ**

Bilden Sie kleine Gruppen. Fertigen Sie mit dem Wortschatz oben Dominokarten an. Auf der rechten Seite der Dominokarte sollte immer eine Frage stehen, auf der linken eine Antwort. Beispiele:

Auf einer Fähre.	Wohin fährst du in Urlaub?	Nach Amerika.	Wo übernachten wir?	In einem Zelt.	Wohin gehen wir jetzt?

Nun werden die Karten gemischt und an die Spieler verteilt. Diese legen eine Reihe mit den Karten und fügen dabei immer passende Fragen und Antworten zusammen. Gewonnen hat, wer zuerst keine Karten mehr hat.

LEKTION 7

zu Seite 83, 6

__2__ Testen Sie Ihre Grammatikkenntnisse! → **GRAMMATIK**

Sind Sie Spezialist/in für Präpositionen?
Machen Sie den folgenden Test. Kreuzen Sie die passende Präposition an. Für jede
richtige Lösung gibt es einen Punkt. Lesen Sie anschließend die Auflösung.

a Er wohnt .... Salzburg.
☒ in   ☐ aus   ☐ nach

b Er ist .... die ganze Welt geflogen.
☐ um   ☐ über   ☐ in

c Man kann direkt .... Frankfurt fliegen.
☐ aus   ☐ ab   ☐ an

d Er ging seiner Freundin ....
☐ gegenüber   ☐ entgegen   ☐ heraus

e Sie haben sich .... Tanzen kennengelernt.
☐ zum   ☐ vom   ☐ beim

f Ich muss unbedingt .... Zahnarzt.
☐ zum   ☐ beim   ☐ vom

g Er segelte .... die Insel.
☐ zu   ☐ an   ☐ um

h Dieses Jahr machen wir Urlaub .... Türkei.
☐ in der   ☐ in die   ☐ in

i Komm endlich .... diesem eiskalten Wasser ....
☐ von ... aus   ☐ aus ... heraus   ☐ in ... raus

j Wir flogen von Berlin .... Hongkong nach Tokio.
☐ bis   ☐ in   ☐ über

k Er wohnt direkt .... die Ecke.
☐ an   ☐ um   ☐ neben

l Es regnet. Hol bitte die Wäsche .... Haus.
☐ nach   ☐ ins   ☐ zum

m Ich habe die Schlüssel .... der Rezeption abgegeben.
☐ in   ☐ an   ☐ zu

n Er muss noch schnell seine Badehose .... dem Hotelzimmer holen.
☐ von   ☐ aus   ☐ auf

o Wir starten .... Lissabon ....
☐ von ... aus   ☐ aus ... von   ☐ von ... her

AUSWERTUNG

14 bis 12 Punkte: Sie sind ein wirklicher Kenner der Präpositionen.
Eigentlich müssten Sie keine Übungen zu den Präpositionen mehr machen. Aber Sie wissen ja: „Übung
macht den Meister!"

11 bis 9 Punkte: Na ja – nicht schlecht. Aber Sie müssen noch üben!
Machen Sie unbedingt noch die Übungen 5 und 6. Ihr Motto: „Ohne Fleiß kein Preis!"

Weniger als 9 Punkte: Oh je! Mit den Präpositionen klappt's noch nicht so gut.
Deshalb: Machen Sie alle Übungen zu den Präpositionen. Ein kleiner Trost: „Es ist noch kein Meister
vom Himmel gefallen." Machen Sie die Übungen 3 bis 7.

LEKTION 7

zu Seite 83, 6

3 | Lokale Präpositionen → GRAMMATIK

Ergänzen Sie die fehlenden Präpositionen.

⟨ aus – von – bei – nach

a Kommst du in den Sommerferien mit ....*nach*............ Österreich?
b Frauke war .... Freunden in Tirol.
c Mein Freund hat im Urlaub Leute .... der ganzen Welt kennengelernt.
d Als ich aus dem Haus ging, kam er mir noch ....
e Herr Schmitzer geht jeden Tag um 6 Uhr .... dem Haus.
f Komm doch heute Abend .... uns vorbei.
g Schau mal .... dem Fenster! Da kannst du die Berge sehen.
h Gestern ist Boris .... einer Weltreise zurückgekommen.
i Hol doch bitte mal die Cola .... dem Kühlschrank.
j Sind Sie Deutsche? – Nein, ich komme .... der Schweiz.
k Helmut hat .... Hannelore eine Postkarte .... Sri Lanka bekommen.

Zu Seite 83, 6

4 | Wechselpräpositionen → GRAMMATIK

a Welche Präpositionen aus der Tabelle auf Seite 83 (Aufgabe 6) im Kursbuch können sowohl mit Dativ als auch mit Akkusativ stehen? Ergänzen Sie die Regel zu den Wechselpräpositionen.

■ Folgende Präpositionen können mit Akkusativ oder Dativ stehen:
in, an, auf ....

■ Wenn ich „Wo?" (lokativ) frage, benutze ich den ....

■ Wenn ich „Wohin?" (direktiv) frage, benutze ich den ....

b Ergänzen Sie den Artikel im Dativ oder im Akkusativ.

1 Bringen Sie bitte den Champagner auf d..*as*...... Hochzeitszimmer.
2 Wir haben auf ein............ sehr idyllischen Campingplatz übernachtet.
3 Er liegt den ganzen Tag in d............ Sonne.
4 Ich habe vergessen, Sonnencreme in d............ Koffer zu packen.
5 Du kannst diese Creme in d............ Supermarkt dort drüben kaufen.
6 Daniel und Roberta fahren auf d............ Malediven.
7 Gerti hat von morgens bis abends auf d............ Terrasse gesessen und gelesen.
8 Stellen Sie den Koffer bitte neben d............ Bett.
9 Wir können uns an d............ Hotelbar treffen.
10 Wir sind mit dem Hubschrauber über d............ Dschungel geflogen.
11 Ich schwimme lieber in d............ großen Pool dort.
12 Setz dich doch nicht immer direkt vor d............ Fernseher!
13 Er hat sich hinter ein............ Baum versteckt.
14 Ich habe deinen Ring unter d............ Sofa gefunden.

zu Seite 83, 6

5 | Urlaubsziele → GRAMMATIK

Wo hat Familie Bauer Urlaub gemacht?

a Hotel – Rügen
in einem Hotel auf Rügen
b Campingplatz – Bodensee
c Pension – Bayerischer Wald
d Hütte – Alpen
e Insel – Karibik
f Bauernhof – Österreich
g Freunde – Paris
h Schiff – Pazifik

LEKTION 7

zu Seite 83, 6

6 Präpositionen mit Dativ oder Akkusativ → GRAMMATIK

Ergänzen Sie die passenden Präpositionen und die Artikel im Dativ bzw. Akkusativ.

ⓐ Fährst du diesen Sommer wieder ....*zu*.... d*en*.......... netten Leuten, die du damals kennengelernt hast?

ⓑ Letztes Jahr war ich .... Freunden.

ⓒ Er geht sogar .... schlechtem Wetter schwimmen.

ⓓ Eine Mauer führt rund .... d............. Altstadt.

ⓔ Wir fahren .... Österreich nach Ungarn.

ⓕ Trink nicht immer .... d............. Flasche!

ⓖ Können Sie mich bitte .... zur Bushaltestelle mitnehmen?

ⓗ Ich habe gestern eine Reise .... Wien gebucht.

ⓘ .... Turm .... kann man die Alpen sehen.

ⓙ .... der Grenze sind es nur noch zehn Kilometer bis Salzburg.

ⓚ Der Intercity .... Hamburg hatte 20 Minuten Verspätung.

ⓛ Der Autofahrer kam .... rechts.

zu Seite 83, 6

7 Gedichte → GRAMMATIK

ⓐ Ergänzen Sie die fehlenden Präpositionen.

Die Ameisen

.... Hamburg lebten zwei Ameisen,

Die wollten .... Australien reisen.

Bei Altona .... der Chaussee[1],

Da taten ihnen die Beine weh,

Und da verzichteten sie weise

Dann auf den letzten Teil der Reise.

Joachim Ringelnatz

[1] breite Straße

Er hatte zu viel Geld.

Er hatte zu viel Geld,

drum reiste er .... die Welt.

Und knipste den Himalaya

und was er sonst so sah, na ja.

Josef Guggenmos

ⓑ Lernen Sie eines der Gedichte auswendig. Tragen Sie es mit Betonung in der Klasse vor.

zu Seite 84, 2

8 Wortsalat → WORTSCHATZ

Wie heißen die Wörter richtig? Nehmen Sie die Wörter im Kursbuch auf Seite 84 zu Hilfe.

ⓐ Wir haben in einem T-L-O-H-E übernachtet. .... *Hotel* ....

ⓑ Wir haben eine vierwöchige Reise mit dem S-K-Z-U-F-H-E-R-F-T-A-F-R-H-C-I auf dem Mittelmeer gemacht. ....

ⓒ Als ich jung war, habe ich immer in einer R-E-G-H-B-E-G-J-D-N-E-R-E-U übernachtet, weil das billiger war. ....

ⓓ Wir sind einen halben Tag in einem L-O-B-L-A-N über die Berge gefahren. ....

ⓔ Die ganze Familie übernachtet auf dem A-I-N-P-M-A-L-T-P-G-C-Z. ....

ⓕ Die Kinder im Zelt. Die Eltern im G-W-N-A-E-N-W-H-O. ....

ⓖ Wir müssen mit der R-E-Ä-F-H auf die Insel übersetzen. ....

ⓗ Opa ist mit seinem Kegelklub im E-E-B-I-U-S-R-S nach Südtirol gefahren. ....

zu Seite 84, 3

9   Urlaub → **WORTSCHATZ**

Ergänzen Sie jeweils ein passendes Wort.

a Zug – fahren: Drachen – *fliegen* ....

b Bahn – Bahnhof: Flugzeug – ....

c Platz – reservieren: Reise – ....

d Zug – ankommen: Flugzeug – ....

e Hotel – Zimmer: Campingplatz – ....

f Klubreise – Erholung: Dienstreise – ....

g Straßenbahn – Schienen: Fähre – ....

h Flugzeug – starten: Bus – ....

zu Seite 84, 4

10   Bedeutungswandel durch Vorsilben → **WORTSCHATZ**

Ergänzen Sie die Sätze.

a reisen   1 Ich muss leider schon morgen .... *abreisen* ....
ab- – ein- – ver-   Mein Chef braucht mich in der Firma.

     2 Wenn Sie in dieses Land .... wollen, brauchen Sie ein Visum.

     3 Ich möchte diesen Sommer für zwei Monate ....

b schlafen   1 Im Urlaub kann ich endlich mal ....
aus- – ein- – ver-   2 Stell den Wecker, damit wir nicht ....

     3 Ich konnte gestern Nacht bis 3 Uhr nicht ....

c steigen   1 Komm schnell! Wir müssen ...., sonst fährt der Bus ohne uns los.
ab- – aus- – ein-   2 Ich bin noch nie auf einem Kamel geritten. Es war ganz schön schwer .... *zu* ....

     3 Ich muss an der nächsten Station ....

d lesen   1 Er konnte den Text nicht auswendig. Er musste ihn vom Blatt ....
ab- – durch- – ver-   2 Oh, Entschuldigung, da hab' ich mich ....

     3 Ich habe das Buch in zwei Tagen ...., weil es so spannend war.

zu Seite 85, 3

11   Was ist gemeint? → **WORTSCHATZ**

Kreuzen Sie die richtige Antwort an.

a „Wir haben uns das erste Mal für eine Klubreise entschieden."

☐ Wir sind das erste Mal mit unserem Tennisklub in Urlaub gefahren.

☐ Wir wollten in ein Hotel mit Nachtklub.

☒ Wir haben erstmals in einem Ferienklub Urlaub gemacht.

b „Das Sportangebot war ausgezeichnet."

☐ Man konnte viele Sportveranstaltungen besuchen, z.B. ins Fußballstadion gehen.

☐ Man konnte selbst viel Sport treiben.

☐ Man konnte billige Sportgeräte kaufen, z.B. Tennisschläger.

c „Von Land und Leuten bekommt man kaum etwas mit."

☐ Man erfährt wenig über die Kultur und die Menschen des Landes.

☐ Man kann keine Souvenirs mitnehmen.

☐ Man hat wenig Möglichkeiten, bei Exkursionen mitzufahren.

d „Wir sind mit dem Auto einfach drauflosgefahren."
☐ Wir sind schnell und riskant mit dem Auto gefahren.
☐ Wir sind ohne bestimmtes Ziel losgefahren.
☐ Wir sind auf ein Auto gefahren.

e „Ich reise lieber auf eigene Faust."
☐ In gefährlichen Ländern verteidige ich mich
auch mal mit der Faust.
☐ Ich reise gern allein und möchte unabhängig sein.
☐ Ich bezahle lieber alles selbst.

zu Seite 85, 4

12 Lerntipp → SPRECHEN

Lerntipp

Freies Sprechen
Keine Panik, wenn Sie beim Sprechen nicht mehr weiterwissen oder
das Gefühl haben, viele Fehler zu machen. Machen Sie sich vorher ein
paar Notizen, damit Sie sich nicht so sehr auf das konzentrieren müssen,
was Sie sagen, sondern sich mehr auf das *„wie"* konzentrieren können.

a Lesen Sie die folgende Situation und verteilen Sie die Rollen.

Simulation: Familienurlaub
Familie Kunz möchte im Sommer zwei Wochen Urlaub machen.
Die Familie setzt sich zusammen, um gemeinsam zu beschließen,
wohin gefahren werden soll. Natürlich kommt es zu einer heftigen
Diskussion, weil jeder einen anderen Wunsch hat.

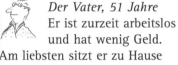 *Der Vater, 51 Jahre*
Er ist zurzeit arbeitslos
und hat wenig Geld.
Am liebsten sitzt er zu Hause
vorm Fernseher. Er möchte in
Deutschland Urlaub machen.

 Die Mutter, 45 Jahre
Sie leitet die Diskussion.
Sie möchte nicht in
Deutschland Urlaub
machen.

 Der Sohn, 21 Jahre
Er möchte einen Aben-
teuerurlaub machen und
hat eigentlich keine Lust,
mit der ganzen Familie zu fahren.
Er ist frisch verliebt.

 Die Tochter, 18 Jahre
Sie will unbedingt weit
wegfahren.

 Die Tochter, 12 Jahre
Sie liebt das Meer
und Tiere.

 Der Onkel, 45 Jahre
Er liebt Kultur, Sonne
und Meer und die
italienische Mode.

 Der Großvater, 76 Jahre
Er sitzt im Rollstuhl
und interessiert sich für
Architektur.

 Die Großmutter, 72 Jahre
Sie hat gerade angefan-
gen, Japanisch zu lernen,
und will ihre Sprach-
kenntnisse verbessern.

 Der Hund
Er ist tolerant, will aber
nicht zu Hause bleiben.
Beim Autofahren wird ihm
immer schlecht.

b Machen Sie sich für Ihre Rolle Notizen zu folgenden Punkten:

■ **Wohin** möchten Sie fahren? (in welches Land, in welche Region)
■ **Wie** möchten Sie reisen? (mit der Bahn, dem Flugzeug usw.)
■ **Wo** möchten Sie übernachten? (im Fünf-Sterne-Hotel, in einer Jugendherberge usw.)

c Suchen Sie Argumente, die für Ihren Vorschlag sprechen.

d Diskutieren Sie in der Klasse. Sie müssen eine gemeinsame Lösung finden.
Niemand darf zu Hause bleiben.

zu Seite 86, 1

__13__   Videotipp → **LESEN**

Bringen Sie die Textteile in die richtige Reihenfolge. Achten Sie dabei
auf die unterstrichenen Wörter.

OUT OF ROSENHEIM

Videotipp

BRD 1987 – KOMÖDIE

☑ Die waschechte Bayerin Jasmin Münchgstettner macht
mit ihrem Ehemann eine Reise im Auto durch die ameri-
kanische Wüste Nevada.

☐ 200 km von Las Vegas entfernt stößt <u>sie</u> auf das „Bagdad
Café", einen Schnellimbiss mit Tankstelle. Die Besitzerin
Brenda hatte <u>ebenfalls</u> gerade einen Ehekrach und wirft
ihren Mann aus dem Haus, weil dieser zum wiederholten
Mal vergessen hat, eine Kaffeemaschine zu kaufen. Bren-
da bleibt allein mit ihrem <u>Sohn</u> und ihrer <u>Tochter</u> zurück.

☐ <u>Doch</u> es kommt bald zu einem Streit zwischen den beiden.
<u>Jasmin</u> steigt aus und geht allein zu Fuß weiter.

☐ <u>Nach und nach</u> entwickelt sich <u>jedoch</u> eine wahre Frauenfreundschaft. Jasmin macht das
Café wieder flott und entwickelt für die LKW-Fahrer ein Unterhaltungsprogramm. <u>So</u>
kommt wieder Leben in das triste Café.

☐ Jasmin versteht sich blendend <u>mit den Kindern</u> und findet eine Unterkunft im „Bagdad
Café". <u>Anfänglich</u> gibt es zwischen den unterschiedlichen Frauen Probleme.

☐ „Out of Rosenheim" ist eine der besten „Multikulti"-Komödien der deutschen Filmgeschichte.

zu Seite 86, 5

__14__   Urlaubstermine → **SPRECHEN**

Finden Sie mit Ihrer Lernpartnerin / Ihrem Lernpartner einen
passenden Termin für einen Kurzurlaub.

Februar				März				April	
1. Woche	2. Woche	3. Woche	4. Woche	1. Woche	2. Woche	3. Woche	4. Woche	1. Woche	2. Woche
Faschings-party im Salvator-keller		Besuch von Nancy aus den USA		Lernen für die Prüfung			Hochzeit von Bruno		Brunch bei mir

zu Seite 87, 3

__15__   Wirtschaft und Tourismus → **LESEN**

Lesen Sie den Text. Zu welchem Abschnitt gehören die Sätze A bis D?

Nicht alle Sätze passen in den Text.

A Immer mehr Reiselustige buchen ihren Urlaub direkt am Flughafen.

B Der Kunde möchte von Schalter zu Schalter laufen und die Preise
vergleichen.

C Das Angebot am Flughafen soll noch interessanter werden.

D Längerfristige Buchungen werden in der Touristikbranche immer seltener.

LEKTION 7

Ab in den Urlaub

Immer mehr Leute buchen ihre Reise am Flughafen

„Ich möchte für ein paar Tage weg. Haben Sie etwas Günstiges?" Diese Frage wird in den Reisebüros am Flughafen am häufigsten gestellt. Was früher kaum möglich war, ist heute fast schon selbstverständlich: 1...
Zurzeit gibt es am Flughafen München insgesamt rund 40 Reisebüros und Reiseveranstalter. Die Nachfrage nach Büros und Countern ist groß. Heute werden 45,7 % mehr Reisen am Flughafen verkauft als vor zwei Jahren. Und: Reisen werden heutzutage immer spontaner gebucht. 2...
„Last-Minute-Reisen laufen bei uns sehr gut", so die Filialleiterin eines Reisebüros. „Weil sich viele Leute spontan entscheiden wollen, fahren sie mit dem Koffer in der Hand zum Flughafen, um die nächstmögliche Chance zu nutzen davonzufliegen. Unser Büro am Flughafen wird sowohl von Geschäftsreisenden als auch von Privatreisenden besucht. Die Auswahl ist sehr groß."
3...
Die Zukunftspläne: „Wir wollen im Zentralbereich einen kundenfreundlichen und attraktiven Reisemarkt mit vielen verschiedenen, preiswerten Angeboten schaffen", so der Geschäftsführer des Flughafens.

---

zu Seite 88, 4

__16__ Anfrage: Formeller Brief → **SCHREIBEN**

Sie wollen Ihre Hochzeitsreise in einem ganz besonderen Hotel verbringen.
Dazu haben Sie in einer deutschen Zeitschrift folgende Anzeigen gelesen.

HOTEL IM WASSERTURM, KÖLN

HIER WOHNT DIE SCHÖNHEIT.

Der Gast wohnt in einem ehemaligen Wasserturm. Moderne wohnliche Atmosphäre auf elf Etagen. Möbel, Fenster und Türen sind rund. Die vorherrschenden Farben: Blau, Beige und Gelb. Elegantes Designerhotel mit gutem Service und persönlichem Charme. Claude Chabrol (berühmter französischer Regisseur) schrieb ins Gästebuch: „Einer der seltenen Orte, an dem die Schönheit wohnt ..."

Ein Hotel aus Eis und Schnee

Aus 3000 Tonnen Eis und Schnee wird jedes Jahr im September im Norden Schwedens das größte Iglu-Hotel der Welt gebaut. Der Eispavillon verfügt neben zehn Zimmern über Restaurant, Kunstgalerie, Kino, die Hotelbar „In the Rocks" sowie über eine Eissauna.

Wählen Sie ein Hotel aus, zu dem Sie weitere Informationen haben möchten.
Schreiben Sie an das Reisebüro „Exklusivreisen" mit folgender Adresse: Kayagasse 2, 50676 Frankfurt. Benutzen Sie die Redemittel aus Ihrem Kursbuch Seite 88.

- Erklären Sie, warum Sie schreiben.
- Geben Sie Informationen darüber, wann und wie lange Sie bleiben wollen.
- Erkundigen Sie sich nach: Preisen, Lage, Größe der Zimmer, Essen usw.
- Fordern Sie weiteres Informationsmaterial an, auch über andere „besondere" Hotels.
- Überprüfen Sie, ob Sie *Betreff, Anrede, Gruß* sowie alle Inhaltspunkte berücksichtigt haben.

---

zu Seite 90, 4

Spiel

__17__ Spiel: Was muss ich mitnehmen? → **WORTSCHATZ**

Was packe ich in meinen Koffer? Bilden Sie zwei Gruppen.
Jede Gruppe denkt sich zehn Gegenstände und jeweils eine Definition aus. Die jeweils andere Gruppe muss raten, um welchen Gegenstand es sich handelt. Für jede richtige Antwort bekommt sie einen Punkt.
Beispiel: *Das brauche ich jeden Morgen und Abend, um die Zähne zu putzen.* Antwort: *Die Zahnbürste.*

LEKTION 7

zu Seite 91, 6

18 Imperativformen → GRAMMATIK

Ergänzen Sie die richtige Form.

Infinitiv	„du"	„ihr"	„Sie"
gehen	geh	geht	gehen sie
anrufen			
lesen			
sich ausruhen			
sprechen			
arbeiten			
lächeln			

zu Seite 91, 6

19 Imperativ → GRAMMATIK

Ergänzen Sie ein passendes Verb in der richtigen Imperativform.

a Du arbeitest zu viel. .... doch mal Urlaub.
b Hallo, ihr beiden. .... rein und .... es euch bequem.
c Ist der Platz noch frei? – Ja, ... Sie sich doch.
d Du siehst immer noch hungrig aus. .... doch ein bisschen mehr.
e Tut mir leid, Nicola, bitte .... mir nicht böse.
f Kinder, jetzt .... endlich still.
g Ich verstehe dich nicht. .... ein wenig lauter.
h .... auf jeden Fall einen Pullover mit. Man kann nie wissen, wie das Wetter wird.
i Ich freue mich, euch bald wieder zu sehen. .... gut auf euch auf.
j Mensch, ... dich. Das Flugzeug startet gleich.

zu Seite 91, 6

20 Tipps für den stressfreien Urlaub → GRAMMATIK/LESEN

a Lesen Sie die folgenden Tipps für einen stressfreien Urlaub.

So stressfrei kann Urlaub sein.
Tipps für den perfekten Urlaub

Formalitäten	2 Wochen vor dem Urlaub

● *den Pass überprüfen und eventuell verlängern lassen*
● *rechtzeitig eine Checkliste machen: Was muss ich mitnehmen?*

An alles gedacht?	Tag vor der Abreise

● *Koffer packen*
● *Taxi am Abend vorbestellen*
● *wichtige Dinge müssen ins Handgepäck*

An alles gedacht?	1. Tag, 7 Uhr, vor der Abfahrt

● *bequeme Kleidung anziehen*
● *den Schlüssel beim Hausmeister abgeben*
● *Licht und Herd ausschalten*
● *pünktlich erscheinen, 90 Minuten vor dem Start*

Der Urlaub beginnt!	1. Tag, 14 Uhr, Ankunft

● *ein bisschen Geld wechseln*
● *den Reiseleiter suchen oder ein Taxi bestellen*
● *die Lieben zu Hause anrufen*
● *Wertsachen in den Hotel-Safe einschließen*

b Ihre Freundin / Ihr Freund ist jedes Mal gestresst, wenn sie/er in Urlaub fährt. Geben Sie ihr/ihm Tipps für einen guten Start in die Ferien. Schreiben Sie die Tipps im Imperativ.
Beispiel: *Überprüfe deinen Pass und verlängere ihn rechtzeitig, wenn er nicht mehr gültig ist.*

zu Seite 91, 6

21 Redemittel → WORTSCHATZ

Was kann man sagen, wenn jemand verreist? Verbinden Sie die Sätze.

Lass	gesund wieder.
Erhol	eine Karte.
Schreib mal	mal was von dir hören.
Komm	dich gut.
Pass	mich mal an.
Ruf	gut auf dich auf.

zu Seite 91, 9

22 *Hinein – heraus* → GRAMMATIK

Ergänzen Sie in den Lücken folgende Wörter:

herauf	hinauf
heraus	hinein
herüber	hinüber

Komm doch ....*herauf*.......... . Hier ist eine wunderschöne Aussicht.

Moment, ich mache eine kleine Pause. Dann komm' ich ....

Ich lade Sie zum Essen ein. Kommen Sie doch ....

Sehr nett von Ihnen. Aber wie soll ich ....schwimmen?

Du meine Güte! Ich muss noch meinen Kulturbeutel ....tun.

Was musst du auch immer so viele Klamotten mitnehmen! Dann musst du eben etwas ....nehmen.

1   Gedicht

LERNER-CD 27   **a**   Hören Sie das Gedicht von Josef Guggenmos einmal.

Herr Matz und die Katze

Als Herr Matz
die Katze
von ihrem Platze
auf der Matratze
vertrieb,
beschloss die Katze,
vor Wut am Platzen,
Herrn Matz
zu besteigen
und ihm mit der Tatze
die Glatze
zu zerkratzen.
Doch ließ sie es bleiben
und war wieder lieb.

b   Lesen Sie das Gedicht laut.

2   Wortpaare *tz – z* und *s – ss – ß*

LERNER-CD 28   Welches Wort hören Sie? Unterstreichen Sie das Wort, das Sie hören.

Reize	<u>Reise</u>
Platz	blass
zelten	selten
Katze	Kasse
Mützen	müssen
Spatz	Spaß
stolz	Stoß
besetzen	besessen
Zehen	Seen
Witz	Wiese
Warze	Wasser
Glatze	klasse
Satz	saß
setzen	Sessel
Netze	Nässe
Tatze	Tasse

3   Diktat

Diktieren Sie Ihrer Lernpartnerin / Ihrem Lernpartner Teil **a** oder
Teil **b** der Übung. Wer das Diktat hört und schreibt, schließt das Buch.

a
- Wir haben einen Platz im Flugzeug reserviert.
- Unser Reiseziel ist zuerst Zürich und dann Salzburg.
- Wir müssen ein Moskitonetz mitnehmen.

b
- Wir haben im Sommer auf einem Campingplatz gezeltet.
- Der Zauberer machte im Zirkus einen Purzelbaum.
- Wir wollen auf unserer Kreuzfahrt nur faulenzen und
die Sonne genießen.

Lernkontrolle: Was haben Sie in diesem Kapitel gelernt?
Kreuzen Sie an.

Ich kann ...

Lesen

- ☐ ... die Hauptinhaltspunkte einer Reportage über zwei Weltreisende auffinden.
- ☐ ... dem Text Einzelheiten zum Inhalt entnehmen und strukturieren.
- ☐ ... Hauptaussagen eines Zeitungsartikels über ein Hotel im Weltraum rekonstruieren.
- ☐ ... Zeitschriftenbeiträgen Anleitungen und Ratschläge zum Thema *Kofferpacken* entnehmen.

Hören

- ☐ ... Ratschläge über Reiseziele und Reiseverhalten verstehen.
- ☐ ... Vor- und Nachteile verschiedener Arten von Reisen nachvollziehen.

Schreiben – Produktion

- ☐ ... den Inhalt einer Reportage in einigen Sätzen zusammenfassen.

Schreiben – Interaktion

- ☐ ... eine Anfrage bei einem Reiseunternehmen in Form eines einfachen formellen Schreibens verfassen.
- ☐ ... den Aufbau und die Textsortenmerkmale des formellen Briefes richtig anwenden.

Sprechen – Produktion

- ☐ ... Personen auf einem Foto und die dargestellte Situation beschreiben.
- ☐ ... einen Vortrag über eine außergewöhnliche Reise halten.

Sprechen – Interaktion

- ☐ ... in Gesprächen nicht alltägliche Problemsituationen auf einer Reise bewältigen, zum Beispiel bei der Polizei Anzeige wegen eines gestohlenen Fahrrads erstatten.
- ☐ ... an einer Diskussion zum Thema Familienurlaub teilnehmen und dabei Vorschläge machen und diese mit Argumenten begründen.

Wortschatz

- ☐ ... Nomen aus den Wortfeldern *Verkehrsmittel* und *Übernachtungsmöglichkeiten* richtig einsetzen.
- ☐ ... aus dem Grundverb *reisen* neue Verben bilden und verwenden.

Grammatik

- ☐ ... die Bedeutung und Funktion lokaler Präpositionen verstehen und richtig anwenden.
- ☐ ... höfliche Anweisungen und Ratschläge mithilfe des Imperativs formulieren.

Sprechen Sie mit Ihrer Kursleiterin / Ihrem Kursleiter über Tipps zum Weiterlernen.

Verben

abholen

anfangen mit + *Dat.*

aufnehmen

denken an + *Akk.*

einlegen

einschalten

fördern

gratulieren zu + *Dat.*

hinterlegen

klingen

komponieren

sich bedanken für + *Akk.*

sich erinnern an + *Akk.*

sich fernhalten von + *Dat.*

stammen aus + *Dat.*

suchen nach + *Dat.*

teilnehmen an + *Dat.*

üben

vorspielen

vortragen

Nomen

die Aufnahme, -n

die Auskunft, ⁼e

die Auszeichnung, -en

der CD-Spieler, -

das Debüt, -s

das Genie, -s

der Hit, -s

das Instrument, -e

das Interesse an + *Dat.*

der Jazz

der Kassettenrekorder, -

der Komponist, -en

die Komposition, -en

das Konzert, -e

die Konzerttournee, -n

der Kopfhörer, -

der Lautsprecher, -

die Lautstärke

die Melodie, -n

die Musikrichtung, -en

der Musikstil, -e

das Musikstück, -e

der Nachwuchs

die Oper, -n

das Popkonzert, -e

der Popsong, -s

der Preis, -e

der Rhythmus, Rhythmen

der Rock'n'Roll

der Sänger, -

das Talent, -e

der Tango, -s

das Tempo, Tempi

der Verstärker, -

die Volksmusik

das Vorbild, -er

die Vorstellung, -en

der Walzer, -

das Werk, -e

Adjektive/Adverbien

angefüllt mit + *Dat.*

ausverkauft

beliebt (un-) bei + *Dat.*

dünn

harmonisch (un-)

hoch

modern (un-)

populär (un-)

renommiert

tief

vertraut

Ausdrücke

an der Spitze liegen

ein Instrument beherrschen

eine CD brennen

sich grün und blau ärgern

__1__ Musik → **WORTSCHATZ**

Welche Nomen passen?

Talent – Konzert – Geschmack – Instrument – CD-Spieler – Jazz – Verstärker – Melodie

a Ich will mir einen neuen ....*Verstärker*........ kaufen. Mein alter ist kaputt.
Kannst du mir eine gute Marke empfehlen?

b Ich habe mir gerade das neue Album von Grönemeyer gekauft.
Darf ich deinen .... einschalten und es gleich anhören?

c Ich wollte eigentlich nächste Woche aufs ....
von Christina Aguilera. Aber es ist schon komplett ausverkauft.

d Die .... des Liedes gefällt mir total gut,
aber den Text finde ich schrecklich.

e Gefällt dir ....? Nein, das ist nicht mein ....
Ich mag lieber Popmusik.

f Du solltest Musik studieren. Du hast ....

g Spielst du ein ....? Ja, Geige.

LEKTION 8

zu Seite 95, 1

2 Welches Wort passt nicht? → WORTSCHATZ

Streichen Sie das falsche Wort durch.

- **a** Band — Orchester — Pianist — Chor
- **b** Tuba — Gitarre — Trompete — Posaune
- **c** Mandoline — Tuba — Kontrabass — Gitarre
- **d** Musiker — Sänger — Tänzer — Metzger
- **e** Jazz — Ballett — Volksmusik — Techno

zu Seite 95, 1

3 Lerntipp: Mnemotechnik → WORTSCHATZ

a Bilden Sie Vierer-Gruppen. Zwei Mitglieder versuchen, sich die Wörter aus Wortliste 1, die anderen beiden, sich die Wörter aus Wortliste 2 zu merken. Sehen Sie sich nur Ihre eigene Liste an. Sie haben 30 Sekunden Zeit. Nennen Sie dann alle Wörter, die Sie sich gemerkt haben. Wie viele waren es? Vergleichen Sie die Ergebnisse der beiden Gruppen.

Wortliste 1		Wortliste 2	
Geige	Natur	Musik	Heft
Blume	Kaffee	Geige	Stift
Kugelschreiber	Papier	Klavier	Papier
Marmelade	Butter	Tuba	Husten
Heft	Musik	Frühstück	Schnupfen
Klavier	Fieber	Brot	Fieber
Schnupfen	Frühstück	Marmelade	Natur
Wald	Stift	Butter	Blume
Husten	Tuba	Kaffee	Wald
Brot	Wiese	Kugelschreiber	Wiese

b Vermutlich haben sich die beiden, die die Wörter aus Liste 1 lernen sollten, weniger Wörter gemerkt. Warum wohl? Vergleichen Sie die beiden Listen.

Lerntipp

Mnemotechnik
Das Lernen und Behalten von Wörtern ist für viele ein großes Problem. Vokabeln lernt man am besten, indem man sie systematisch und nicht „durcheinander" lernt. Ordnen Sie die Wörter möglichst immer nach Wortgruppen.

zu Seite 95, 2

4 Geräte zum Musikhören → WORTSCHATZ

Welches Gerät ist gemeint? Ordnen Sie zu.

Was ich mache.	Welches Gerät brauche ich?
a Ich möchte laut Musik hören und niemanden stören.	das Radio
b Ich will Nachrichten hören.	der Verstärker
c Ich schließe alle Geräte einer Stereoanlage dort an.	der Lautsprecher
d Ich höre gern laut Musik. Deshalb habe ich mir zwei stärkere gekauft.	der MP3-Player
e Ich möchte aus dem Internet heruntergeladene Lieder anhören.	der Kopfhörer

LEKTION 8

zu Seite 97, 5

__5__   Negationswörter → GRAMMATIK

Setzen Sie das passende Wort ein. Manche Wörter passen mehrmals.

jemand(-en/-em) – etwas – einmal – irgendwo – niemand(-en/-em) (keiner) – nichts – nie(mals) – nirgends (nirgendwo)

a Soll ich dir ....*etwas*............ aus dem Supermarkt mitbringen?
Nein, danke, ich brauche ....

b Hast du meinen Geldbeutel .... gesehen? Nein, den habe ich
.... gesehen.

c Kennst du ...., der eine Stereoanlage zum Ausleihen hat?
Nein, ich kenne ....

d Warst du schon .... auf einer Techno-Party? Nein, ..., und
ich möchte auch .... auf eine gehen. Das interessiert mich nicht.

e Hast du schon .... etwas von Grönemeyer gehört? Nein, von dem habe ich
noch .... gehört.

f Hast du .... über das Konzert am Samstag gelesen?
Nein, ich habe .... in der Zeitung gefunden.

g Hat .... für mich angerufen? Nein, ...

h Hast du mit .... darüber gesprochen? Nein, mit ....

zu Seite 97, 5

__6__   *nicht, nichts* oder *kein*? → GRAMMATIK

Setzen Sie das passende Wort in der richtigen Form ein.

a Der Musikladen hat jeden Tag geöffnet, aber natürlich ....*nicht*........ am Sonntag.

b Ich komme dann um acht Uhr, wenn du .... dagegen hast.

c Mach dir .... Sorgen. Alles wird wieder gut.

d Ich habe den ganzen Tag noch .... gegessen.

e Ich habe an der Abendkasse .... Karten mehr bekommen.

f Du musst dich jetzt entscheiden: alles oder .... !

g Auf dem Konzert war .... Mensch.

h Ich habe .... Durst.

i Er hat die Tickets für das Konzert dann doch .... gekauft.

j Ich habe überhaupt .... verstanden.

k Der CD-Spieler funktioniert ....

l Ich will mich am Wochenende entspannen und einfach .... tun.

zu Seite 97, 5

__7__   Die Stellung von *nicht* → GRAMMATIK

Verneinen Sie die folgenden Sätze.
Beispiel: Ich bin heute ins Konzert gegangen. (in die Oper)
     Ich bin heute nicht ins Konzert gegangen, sondern in die Oper.

a Anton kann Klavier spielen.

b Diana interessiert sich für Opern.

c Ihr Onkel hat sie angerufen. (ihr Bruder)

d Ich möchte heute tanzen gehen.

e Ich gehe gern in klassische Konzerte.

f Meine Mutter kann Ihnen helfen. (mein Vater)

g Sie erinnert sich an ihren Urlaub vor zehn Jahren.
(an den Urlaub im letzten Jahr)

h Ich kenne Herbert Grönemeyer. (Herbert Kohlmeyer)

i Ich kann dir die CD leihen.

zu Seite 99, 4

__8__   Musikalische Höchstleistungen → LESEN

Lesen Sic cinen Leserbrief zum Thema.

Wer schreibt wem?
Wie lautet die Anrede?
Worauf bezieht sich der Leserbrief?
Wie ist die Grußformel?
Wie ist die Sprache im Brief (sachlich, emotional, ...)?

Gertrud Bayer
Meistersingerstr. 11
88543 Nürnberg

Nürnberg, 29. 6. 20. .

An die
Redaktion der Süddeutschen Zeitung
Leserbriefe

Ihr Artikel „Ausgezeichnete Kinderarbeit" vom 24. 6.

Sehr geehrte Damen und Herren,

in Ihrem oben genannten Artikel zeigen Sie mal wieder sehr schön, wie Kinder heutzutage von ihren Eltern unter Druck gesetzt werden.

Ich finde es unverantwortlich, Kinder mit Musikunterricht zu quälen, nur weil die Eltern so ehrgeizig sind. Viele hoffen umsonst, dass in ihrem Nachwuchs ein Genie steckt, das man nur genug fördern muss. Statt mit anderen Kindern zu spielen, müssen ihre armen Söhne oder Töchter zu Hause stundenlang Klavier üben. Die Schule ist doch schon anstrengend genug!

Und wozu das Ganze? Das ist doch verlorene Zeit und vergebliche Liebesmüh. Profimusiker oder Stars werden aus den wenigsten Kindern. Mit 13 oder 14 Jahren ist es bei den meisten Jugendlichen ohnehin vorbei mit dem Interesse am Musizieren. In dem Alter haben die jungen Leute doch ganz andere Dinge im Kopf. Da hören sie viel lieber ihre Lieblingsgruppen auf CD oder gehen in ein Popkonzert.

Mit freundlichen Grüßen

Gertrud Bayer
Gertrud Bayer

---

zu Seite 99, 4

__9__   Leserbrief → SCHREIBEN

Verfassen Sie einen eigenen Leserbrief. Orientieren Sie sich an den Merkmalen in Aufgabe 8 und bauen Sie Ihren Brief genauso auf. Nehmen Sie zur Meinung von Frau Bayer Stellung.

zu Seite 99, 6

__10__   Verben mit Präpositionen → GRAMMATIK

Ergänzen Sie die Präpositionen in der Tabelle. Sie finden diese Verben in den Wortschatzlisten zu den Lektionen.

LEKTION 8

Präpositionen mit Akkusativ	Präpositionen mit Dativ
abstimmen ....*auf*........	ableiten ....
bitten	anfangen ....*mit*........
denken	einladen ....
hinweisen	gehören ....
schreiben	gelangen ....
sich bedanken	gratulieren ....
sich bemühen	passen ....
sich entscheiden	rechnen ....
sich erinnern	sich auseinandersetzen ....
sich freuen	sich beschäftigen ....
sich konzentrieren	sich erkundigen ....
sich kümmern	sich fernhalten ....
sich verlassen	sich treffen ....
sich verlieben	sich verabreden ....
sich verwandeln	stammen ....
sich vorbereiten	suchen ....
sorgen	teilnehmen ....
verzichten	vereinbaren ....
warten	zusammenhängen ....

zu Seite 99, 6

11 Präpositionen → GRAMMATIK

Ergänzen Sie die fehlenden Präpositionen und die richtigen Artikel/
Pronomen im Dativ oder Akkusativ.

a Ich möchte ....*an*........ ein *em*............ Deutschkurs teilnehmen.
b Konzentrier dich mehr .... d................ Unterricht.
c Er hat sich .... d................ Sängerin verliebt.
d Ich gratuliere dir .... d................ bestandenen Aufnahmeprüfung.
e Peter kümmert sich sehr liebevoll .... sein................ Mutter.
f Hast du dich gründlich .... d................ Prüfung vorbereitet?
g Darf ich Sie .... ein................ Hauskonzert einladen?
h Wie viele Leute nehmen denn .... d................ Kurs teil?
i .... Musik kann ich wirklich nicht verzichten.
j Hast du dich .... d................ Jazzmusiker verabredet?
k Ja, ich treffe mich nächste Woche .... ih................ .
l Ich kann mich gar nicht mehr .... d................ Konzert erinnern.
m Er hat sich herzlich .... d................ Geschenk bedankt.

zu Seite 99, 7

12 Präposition + Nebensatz/Infinitivsatz → GRAMMATIK

Ergänzen Sie *da*(*r*) + Präposition.

a Ich erinnere mich noch genau ....*daran*.............. , wie ich mit dem
Klavierunterricht begonnen habe.
b Könntest du dich .... erkundigen, ob es noch Konzertkarten gibt?
c Das Publikum wartete ...., dass der Pianist eine Zugabe spielte.
d Denk ...., dass Peter heute Geburtstag hat.
e Ich freue mich so ...., heute ins Kino zu gehen.
f Tut mir leid, ich habe nicht .... gedacht, dass wir verabredet waren.
g Seine Krankheit hängt sicher .... zusammen, dass er so viele Sorgen hat.
h Ich bitte dich ...., dass du ihn ein wenig in Ruhe lässt.
i Ich rechne fest ...., dass du zur Party kommst.

zu Seite 99, 7

__13__ Ergänzen Sie die Sätze frei. → **GRAMMATIK**

ⓐ Er frcute sich so sehr .... , dass ....
ⓑ Wir haben lange .... diskutiert, ob ....
ⓒ Er hat sich .... beschwert, dass ....
ⓓ Ich ärgere mich wirklich .... , dass du ....
ⓔ Ich bemühe mich .... , dass ....

zu Seite 99, 7

__14__ *mit wem* **oder** *womit*? → **GRAMMATIK**

Ergänzen Sie die Sätze mit Präpositionen bzw. Fragewörtern.

ⓐ ....*Von wem*............ träumst du? ....*Von*............ Peter.
ⓑ ....*Wovon*............ träumst du? ....*Von*............ meinem letzten Urlaub.
ⓒ .... hast du dich verabredet? .... meiner Freundin.
ⓓ .... denkst du? .... meine neue Liebe.
ⓔ .... hast du dich so lange unterhalten? .... meinem Chef.
ⓕ .... lädst du ihn ein? .... einem Konzertbesuch.
ⓖ .... bist du nicht einverstanden? .... deinen Urlaubsplänen.
ⓗ .... kannst du dich nicht mehr erinnern? .... meine Großmutter.
ⓘ .... hatte er sich beworben? .... eine Stelle als Dirigent.
ⓙ .... hängt das ab? .... meinen Eltern.
ⓚ .... denkst du die ganze Zeit nach? .... meine Prüfung.
ⓛ .... musst du dich denn vorbereiten? .... die Mathematikprüfung.

zu Seite 101, 2

__15__ Informationsgespräch → **SPRECHEN**

Ergänzen Sie in dem folgenden Dialog das, was die Gesprächspartnerin / der Gesprächspartner sagt. Nehmen Sie dazu die Redemittel aus dem Kursbuch auf Seite 101 zu Hilfe.

...... *Haben Sie noch Karten für* ....
....

Ja, da haben Sie Glück. Es gibt noch welche.

....
....

Moment ... Ja, in der Reihe 1 bis 10 sind noch Plätze frei. Die kosten jeweils 35 Euro.

....
....

Die Karten können an der Kasse hinterlegt werden.

....

zu Seite 101, 2

__16__ Lerntipp → **SPRECHEN**

Lerntipp

Laut lesen und auswendig lernen
Das Auswendiglernen kleiner Textpassagen hilft Ihnen, ganze Sätze zu behalten. Lernen Sie ruhig ab und zu ganze Sätze auswendig, z. B. die typischen Ausdrücke auf Seite 101 im Kursbuch.

ⓐ Bilden Sie Dreier-Gruppen und lesen Sie den folgenden Sketch zunächst laut mit verteilten Rollen. Lernen Sie dann Ihre Rolle auswendig und spielen Sie den Sketch in der Klasse vor.

LEKTION 8

Die drei Tenöre

Ansager: Sehr geehrte Damen und Herren. In New York, Moskau, Schanghai und Tokio haben sie triumphale Erfolge gefeiert. Heute sind sie hier bei uns. Freuen Sie sich mit mir auf die berühmten „Drei Tenöre"! *Das Publikum klatscht, der Ansager tritt klatschend zur Seite, zwei Boxer treten auf und verbeugen sich. Dann wenden sie sich vorwurfsvoll dem Ansager zu.*

Erster Boxer: Sind Sie verrückt, Mann? Wir sind doch keine Tenöre!

Ansager: Wirklich? Ach, wie blöd! Jetzt hab' ich's aber leider schon angesagt. Die Leute freuen sich darauf. ... *Zum Publikum, agitierend:* Nicht wahr? Sie freuen sich doch auf die drei Tenöre? *Das Publikum ruft zustimmend und klatscht. Ansager zu den Boxern:* Sehen Sie? ... Sehen Sie? ...

Zweiter Boxer: Jaja, aber ... aber ... wir sind nicht drei! Wir sind nur zwei.

Ansager: Pah! ... Zwei oder drei, das fällt doch gar nicht auf!

Erster Boxer: Und außerdem sind wir keine Sänger. Wir sind Boxer.

Ansager: Was? Wirklich? Ach, komm, komm, komm! Mit ein bisschen gutem Willen geht das schon.

Zweiter Boxer: Man wird uns auslachen. Ich weiß es!

Ansager *zum Publikum:* Werden Sie unsere drei Tenöre tatsächlich auslachen? *Das Publikum ruft verneinend. Ansager zu den Boxern:* Na! Was habe ich gesagt? Jetzt müssen Sie aber! *Der Ansager animiert das Publikum zu einem erneuten Applaus. Die Boxer sehen sich fragend an, zucken mit den Schultern, flüstern sich gegenseitig ins Ohr und singen dann ein kurzes Lied ihrer Wahl.*

Begeisterter Schlussapplaus des Ansagers und des Publikums.

Selbstkontrolle

Nehmen Sie ab und zu Ihre Stimme auf, damit Sie sich selbst einmal Deutsch sprechen hören. Sie können dann Ihre Fehler analysieren und Ihre Intonation verbessern. Wenn Sie die Möglichkeit haben, ist es noch besser, sich auf Video aufzunehmen.

Lerntipp

8

b Nehmen Sie den Sketch auf Kassette auf und analysieren Sie Ihre Aussprache.

---

zu Seite 103, 4

__17__ Deutschsprachige Popstars → LESEN

Lesen Sie die Texte über deutsche Popstars und ergänzen Sie die Wörter.

Debüt – Tourneen – Musik – Musiker – Preise – Komposition – Lied – Melodien – Bühne – Songs – Gruppe – Hit

Skorpions

Sie sind die erste deutsche Rockband, die mit Mainstreamrock und eingängigen Hits international Erfolg hatte. Erst nach ..._Tourneen_.... durch kleine Konzertsäle und Klubs gelang dem Quintett 1979 der Durchbruch mit dem Hit „Love-drive". Seitdem haben sie internationalen Erfolg. Die Skorpions haben in Tokio, Moskau, New York ... ganze Fußballstadien gefüllt. Ihr Titel „Wind of change" wurde zur Hymne der Freiheit.

Silbermond

Silbermond ist eine Neuentdeckung am deutschen Pophimmel. Gegründet wurde das Quartett im Jahr 2000. Seitdem gibt man seine deutschsprachige Rockmusik mit harmonischen .... zum Besten und hat sich eine treue Fangemeinde erspielt. Die Gruppe nahm an zahlreichen Newcomer-Wettbewerben teil und gewann etliche .... Silbermond startete ihre Karriere mit dem ....album „Verschwende deine Zeit". Der Song „Durch die Nacht" avancierte bereits zu einem ....

Grönemeyer

Eigentlich wollte Herbert Grönemeyer nur .... werden, denn er hatte Musik und .... studiert. Doch dann wurde er als Schauspieler in dem Film „Das Boot" bekannt. 1979 veröffentlichte er seine erste Platte, die niemand beachtete. Erst fünf Jahre später wurde er durch das .... „Männer" bekannt, das von Vorurteilen und Klischees handelt. Ende der neunziger Jahre wurde es ruhig um Grönemeyer. Der Tod seines Bruders und seiner Frau innerhalb kurzer Zeit veranlasste ihn, keine .... mehr zu schreiben. Im Jahr 2002 schaffte er mit dem Album „Mensch" das Comeback. Es wird ein sensationeller Erfolg. Grönemeyer zur Entstehung der Platte: Er habe langsam und traurig begonnen, wieder Songs zu schreiben. Er vergleicht das mit dem Versuch, nach einem Unfall wieder laufen zu lernen.

Rammstein

Die Berliner Formation war anfangs wegen ihrer provokativen Texte umstritten. Jedoch gerade die expressiven Texte der ...., dazu eine spektakuläre Show auf der ...., macht Rammstein in der deutschen Musikszene einzigartig. Bei der Verleihung des Deutschen Musikpreises 2005 wurde Rammstein zweimal ausgezeichnet. Aber nicht nur in Deutschland ist die .... populär. Sie ist eine der international erfolgreichsten deutschen Bands. Vor allem in den USA. Dort wurde die Gruppe bekannt, nachdem der Regisseur David Lynch das Lied „Heirate mich" für seinen Film „Lost Highway" verwendet hatte.

zu Seite 103, 4

18 Infinitiv mit *zu* → GRAMMATIK

Fügen Sie *zu* dort ein wo nötig.

a Ich habe keine Lust, Geige ....*zu*.... üben.
b Es hat angefangen .... regnen.
c Du sollst nicht so laut Musik .... hören.
d Ich höre ihn jede Nacht spät nach Hause .... kommen.
e Wann lässt du endlich die Stereoanlage .... reparieren?
f Ich habe vergessen, die Tickets .... bestellen.
g Meine Eltern haben mir verboten, auf eine Party .... gehen.
h Ich hoffe, dich bald wieder .... sehen.
i Einen Hit .... komponieren ist nicht so leicht.

zu Seite 103, 4

19 Infinitivsätze → GRAMMATIK

Bilden Sie Sätze. Entscheiden Sie, welche Sätze den Infinitiv mit *zu* brauchen und welche nicht.
Beispiel: Ich – ihr – versprechen – auf – Kind – aufpassen
Ich verspreche ihr, auf das Kind aufzupassen.

a Er – Haare – ganz – kurz – schneiden – lassen
b Publikum – nicht – aufhören – applaudieren
c Ich – hören – ihn – laut – Violoncello – spielen
d Leider – er – nie – Lust – haben – Urlaub fahren
e Letztes Jahr – wir – sehr oft – tanzen – gehen
f Er – nicht – helfen – lassen
g Du – vergessen – Termin – absagen

1 *pr – tr – kr*

LERNER-CD 29

a Hören Sie die Wörter und sprechen Sie sie nach.

pr	tr	kr
Prüfung	Transport	Krokodil
prima	Kontrolle	Kritik
Preis	Träne	Krach
improvisieren	Trend	krank
praktisch	Traum	kratzen
präsentieren	trostlos	Krimi
Problem	extravagant	Krümel
Prinz	tragisch	Kreis

b Wählen Sie sechs Wörter und bilden Sie einen Satz. Lesen Sie ihn vor.
Ihre Lernpartnerin / Ihr Lernpartner spricht den Satz nach.
Beispiel: *Das Krokodil hatte einen trostlosen Traum und weinte
deshalb viele Tränen.*

2 *spr – str*

LERNER-CD 30

Hören Sie die Wörter und sprechen Sie sie nach.

spr	str
sprechen	Straße
springen	Strand
Spritze	Stress
Sprache	Strich
sprengen	Strauß
Spruch	streichen
Sprudel	Struktur
	Strategie
	Strumpf

3 Der Laut *qu*

LERNER-CD 31

Hören Sie die folgenden Sätze und sprechen Sie sie nach.

- Er tritt in einem Quintett auf.
- Machen Sie es sich bequem.
- Ich habe eine Qualle am Strand gefunden.
- Rede doch nicht so einen Quatsch!
- Können Sie mir eine Quittung geben?
- Ich war im Fernsehen bei einem Quiz.
- Wir mussten uns in das kleine Auto quetschen.

4 *kn* oder *n*?

LERNER-CD 32

Welches Wort hören Sie?
Unterstreichen Sie das Wort, das Sie hören.

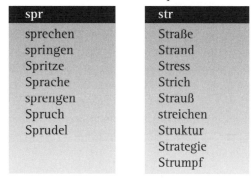

Knoten	Noten
Knarren	Narren
Knicken	nicken
Knochen	noch
Knüller	Nuller
Knie	nie
Knacken	Nacken
Knebel	Nebel

Lernkontrolle: Was haben Sie in diesem Kapitel gelernt?

Kreuzen Sie an.

Ich kann ...

Lesen

☐ ... einem narrativen Schulbuchtext und einem tabellarischen Lebenslauf detaillierte biografische Informationen zum Leben Mozarts entnehmen.

☐ ... einem gedruckten Interview mit einer Musikerin Hauptinformationen entnehmen und nach Leitpunkten stichwortartig festhalten.

☐ ... einer Reportage über Popmusik Untersuchungsergebnisse entnehmen.

Hören

☐ ... einem Interview mit einem Musiker Hauptinformationen und Einzelheiten entnehmen.

Schreiben – Interaktion

☐ ... im Internet mit anderen über Musikveranstaltungen chatten und dabei Neuigkeiten und Ereignisse sowie Urteile austauschen.

Sprechen – Produktion

☐ ... Vermutungen über Musiker und Instrumente ausdrücken.

☐ ... Informationen aus einem Interview mit dem Musiker Daniel mündlich zusammenfassen.

☐ ... Informationen zu einem schriftlichen Interview mündlich zusammenfassen.

Sprechen – Interaktion

☐ ... mich telefonisch über Musikveranstaltungen informieren.

☐ ... ein Auskunftsgespräch führen und mich dabei über Musikveranstaltungen informieren.

Wortschatz

☐ ... Nomen aus den Wortfeldern *Musikinstrumente*, *Geräte zum Musikhören* und *Musikstile* richtig einsetzen.

☐ ... Verben zum Thema *Bedienen einer Musikanlage* verwenden.

Grammatik

☐ ... verschiedene Formen der Negation korrekt verwenden.

☐ ... häufig gebrauchte Verben mit festen Präpositionen korrekt verwenden.

☐ ... Satzkonstruktionen mit Präpositionen + Nomen oder Präpositionalpronomen + Nebensatz variieren.

☐ ... Satzkonstruktionen mit Modalverben bzw. Infinitiven mit *zu* variieren.

Sprechen Sie mit Ihrer Kursleiterin / Ihrem Kursleiter über Tipps zum Weiterlernen.

Verben

abstürzen
bergsteigen
entdecken
erblicken
geeignet sein
joggen
klettern
laufen
reiten
retten
sich ausbreiten
sich etwas brechen
sich verletzen
sinken
steigen
trainieren
umkommen
verunglücken
wandern
wehtun
windsurfen

Nomen

die Abenteuerlust
der Alptraum, ¨e
die Ausdauer
die Ausrüstung, -en
das Bauwerk, -e
die Begeisterung
das Bergsteigen
der Bergsteiger, -
die Bergtour, -en
der Bergunfall, ¨e
der Blitz, -e

die Brise, -n
der Donner, -
der Ehrgeiz
der Fluss, ¨e
der Frost
der Fußball, ¨e
das Gebirge, -
die Gefahr, -en
die Genehmigung, -en
das Gewitter, -
der Gipfel, -
die Insel, -n
die Klettertour, -en
das Klima, -ta
der Kontinent, -e
die Kreativität
das Land, ¨er
die Landkarte, -en
die Landschaft, -en
die Lawine, -n
der Leichtsinn
das Meer, -e
das Mitglied, -er
das Opfer, -
der Regenwald, ¨er
die Rettung
die Route, -n
der Rucksack, ¨e
der Sauerstoff
die See
das Seil, -e
die Sportart, -en
der Sturm, ¨e
das Training, -s
der Traum, ¨e

der Unfall, ¨e
der Urwald, ¨er
die Verletzung, -en
die Wüste, -n

Adjektive/Adverbien

aufregend
bekannt (un-)
berühmt
bevölkerungsreich
breit
eigenwillig
emotional
erstmals
flach
gebirgig
mild
nass
neblig
niedrig
regnerisch
riesig
ruhig (un-)
schmal
tödlich
trocken
vorsichtig (un-)

Ausdrücke

der Wind pfeift
die Hand/Hände schütteln
etwas leicht- / schwernehmen
sich einen Traum erfüllen
Stress abbauen
zum ersten Mal

__1__ Welche Verben passen? → WORTSCHATZ

Im Gebirge: *bergsteigen* ....
Auf dem / Im Meer: ....
Bei einem Bergunfall: ....
Auf dem Pferd: ....
Den Rucksack: ....
Am Strand: ....

LEKTION 9

zu Seite 107, 2

2   Sportarten → **WORTSCHATZ/LESEN**

a   Lesen Sie die Anzeigen aus der Zeitschrift „Natur pur" und ordnen Sie zu, um welche Sportart es sich handelt. Einige Sportarten bleiben übrig.

1	Trekking	6	Joggen/Laufen	11	Tennis
2	Wildwasserfahren	7	Surfen	12	Skifahren
3	Bungee-Springen	8	Radfahren	13	Segeln
4	Schwimmen	9	Aerobic	14	Bergsteigen
5	Tauchen	10	Fußball	15	Kanufahren

Wintermärchen Norwegen

12 Lust auf Schnee? Tiefschneetraum. Weite Hänge. Weißer Puder.

LUST AUF MEER?

☐ Durch klares Wasser gleiten, von Insel zu Insel hüpfen, Delfine beobachten, Sonne und Wind erleben? ☐ im Raum Korsika / Elba / Küste Italiens.

Der Kilimandscharo ruft

☐ Wer hat Lust und Energie, mit mir diesem Ruf zu folgen? Suche aktive Naturfreaks.

Costa Rica

☐ Sich einmal frei wie Tarzan fühlen. 40 Meter über einem grünen Dach aus Blättern in eine tropische Schlucht fallen.

MÜNCHEN

☐ Wer hat Lust, mit mir ☐ zu spielen, zu zweit oder auch zu viert? Spielstärke egal. Hauptsache, du willst Spaß.

VIETNAM

☐ zu Fuß entdecken. Wer begleitet mich auf diesem Rucksack- und ☐ trip?

Malaysia

☐ mit Jeep, Bambusfloß und Schlauchboot. Den Urwald von Borneo, Orang Utans und tropische Inseln in Malaysia entdecken. Wild durchs Wasser wirbeln für Leute, die sich gern mal treiben lassen.

KUBA

☐ Faszinierende Unterwasserwelt. Traumhafte Korallenriffe. Artenreiche Fischgründe.

TÜRKEI

☐ Auf zwei Rädern die Küste erkunden und Touren ins bergige Hinterland unternehmen.

b   Schreiben Sie Anzeigen für die Sportarten, die übrig bleiben.

zu Seite 107, 2

__3__   Lerntipp → **SCHREIBEN**

Lerntipp

Schreiben: Satzanfänge variieren
Versuchen Sie beim Schreiben eines Textes die Satzanfänge zu
variieren, indem Sie nicht immer mit dem Subjekt beginnen und
indem Sie die Sätze mit Konnektoren zu einem „Text" verbinden.

a Schreiben Sie den folgenden Brief neu und verwenden Sie dafür die
am Rand angegebenen Wörter.
Beginnen Sie so: *ich habe Deine Anzeige in der Zeitschrift „Natur pur"
gelesen und glaube, ich bin genau der Richtige für Dein Abenteuer auf Kuba.*

Lieber Sportsfreund,	
ich habe Deine Anzeige in der Zeitschrift „Natur pur" gelesen.	**und**
Ich glaube, dass ich genau der Richtige für Dein Abenteuer auf Kuba bin.	
Vielleicht erzähle ich Dir erst einmal etwas über mich.	**denn**
Wir müssen in einem gemeinsamen Urlaub ja schließlich zusammenpassen und uns verstehen.	
Ich habe schon fast alle Tauchparadiese der Welt erforscht,	**sowohl**
die Malediven und Australien und Jamaika und und und ...	**als auch**
Ich bin ein leidenschaftlicher Taucher und Naturfreak.	
Du wirst einen erfahrenen Tauchpartner mitnehmen.	**also**
Du wirst viel Spaß mit mir haben.	**mit dem**
Ich kann heiße Insidertipps über Kuba geben.	**außerdem**
Was solltest Du noch über Deinen Tauchpartner wissen?	
Ich bin 26 Jahre alt, sportlich, unternehmungslustig, aktiv.	
Ich möchte nicht nur tauchen.	**sondern auch**
Ich möchte auch das Land sehen, ein bisschen herumreisen, in Discos gehen, Leute kennenlernen, einfach Spaß haben.	
Ich möchte die Natur erleben.	**aber vor allem**
Ich hoffe, bald von Dir zu hören.	
Ich möchte wissen, ob, wann und wo wir uns treffen.	**denn**
Wir könnten Näheres besprechen.	**dann**
Also, hoffentlich bis bald!	
Dein Jan	

b Suchen Sie sich eine interessante Anzeige aus Übung 2 aus und
schreiben Sie einen Antwortbrief.

zu Seite 107, 4

4 Das Wunder von Bern → LESEN

Lesen Sie die Inhaltsangabe und lösen Sie die folgenden Aufgaben.

a Unterstreichen Sie alle Wörter, die mit dem Thema „Fußball/Sport" zu tun haben.

b Was ist das „Wunder von Bern"? Spekulieren Sie auch über das Ende des Films. Was ist mit „doppeltem Wunder" gemeint?

Videotipp

DAS WUNDER VON BERN

Deutschland 2004 *Regie:* **Sönke Wortmann** *Länge:* **117 Minuten**

Am 4. Juli 1954 schlug die deutsche Nationalelf im legendären Weltmeisterschaftsfinale in Bern (Schweiz) die Ungarn mit 3:2. Der Sieg war mehr als nur ein sportlicher Triumph. Zum ersten Mal seit Kriegsende 1945 gab es wieder eine „Art kollektiven Glückszustand, ein Gegenbild zum Nazi-Reich", sagt der Regisseur Sönke Wortmann. Aus dem Endspielsieg wurde der Mythos „Das Wunder von Bern" geboren.

Eigentlich erzählt Wortmann zwei Wunder.
Als einer der letzten Gefangenen kehrt Richard Lubanski (Peter Lohmeyer) 1954 zurück in seine Heimatstadt Essen. Die Jahre haben Mauern errichtet zwischen dem traumatisierten Bergmann und seiner Familie. Seinen elfjährigen Sohn Mattias hat er noch nie gesehen. Besonders verbittert ihn, dass Mattias eine Art Ersatzvater gefunden hat. Er trägt dem Essener Nationalspieler Helmut Rahn immer seine Tasche zum Training hinterher. Einmal sagt Rahn zu seinem kleinen Bewunderer, er könne nur dann gewinnen, wenn Mattias als Maskottchen dabei sei. Ehrensache, dass der Kleine mit zur WM in die Schweiz will. Richard hat für die Träume seines Sohnes kein Verständnis. Erst kommt es zur Eskalation und dann zu einem doppelten Wunder ...

zu Seite 108, 3

5 Übersicht: Komparativ und Superlativ → GRAMMATIK

Ergänzen Sie die Tabelle.

Grundform	Komparativ	Superlativ
schön	schöner	am schönsten
dick		
klein		
reich		
hübsch		am hübschesten
frisch		
		am intelligentesten
elegant		
hart		
kurz		
	teurer	
dunkel		

LEKTION 9

Grundform	Komparativ	Superlativ
heiß		
	älter	
groß		
jung		
lang		
	schwächer	
stark		
	näher	*am nächsten*
hoch		
	mehr	
gern		
gut		

zu Seite 108, 3

6 Ergänzen Sie die Regeln zu Komparativ und Superlativ. → **GRAMMATIK**

a Für den Komparativ erhält ein Adjektiv die Endung ....
b Für den Superlativ erhält ein Adjektiv die Endung ....
c Enthält das Adjektiv einen der Vokale *a*, *o* oder *u*, haben Komparativ und Superlativ meist einen ...., z.B. *alt, älter, am ältesten*.
d Bei Adjektiven, die auf *d*, *t*, *s*, *ss*, *sch*, *x* oder *z* enden, wird im Superlativ vor der Endung ein .... eingefügt, z.B. *am kältesten*.
e Endet ein Adjektiv auf *-el* oder *-er*, fällt im Komparativ das .... weg, z.B. *teuer, teurer*.

zu Seite 108, 3

7 Komparativ → **GRAMMATIK**

Ergänzen Sie ein passendes Adjektiv im Komparativ.

a Der Flug ist mir zu teuer. Haben Sie keinen .... *billigeren* ....?
b Deine Idee ist nicht schlecht, aber Simon hat eine ....
c Das Zimmer gefällt uns nicht. Haben Sie kein .... ?
d Joggen ist mir zu langweilig. Ich möchte einen .... Sport machen.
e Das Fitnesscenter ist zu teuer. Gibt es kein .... ?
f Das Auto ist mir zu langsam. Haben Sie kein .... ?
g Die Uhr ist zu altmodisch. Haben Sie keine .... ?
h In Australien gibt es schöne Plätze zum Tauchen. Aber auf den Malediven gibt es ....
i Ein Tennisspieler verdient viel Geld. Aber ein Formel-1-Fahrer verdient
....

zu Seite 108, 3

8 Guinness Buch der Rekorde → **GRAMMATIK**

Ergänzen Sie ein passendes Adjektiv im Superlativ.

a Die .... *schnellste* .... Weltumwanderin ist die Britin Fyona Campbell: 31 521 km in 11 Jahren.
b Der .... Legoturm misst 22,67 m und wurde von 4 600 Kindern in Dänemark erbaut.
c Die .... Leute küsste A. E. Wolfram aus den USA. In acht Stunden küsste er 10 504 Menschen.

d Den .... Satz der deutschsprachigen Literatur verdanken wir Arno Holz (1863–1929). Er besteht aus 6000 Wörtern.

e Die .... Stunden Sonnenschein pro Tag gibt es in Yuma, Arizona (USA).

f Die .... Temperatur, -89,2 °C, wurde in der Antarktis, am 21. Juli 1983, gemessen.

g Die .... Zeitung, allerdings handgeschrieben, ist schon um 2000 v. Chr. in China erschienen.

h Den .... Brautschleier trug Romana Eichinger. Er war 392,70 m lang.

i Den .... Frosch fanden zwei Kölner Biologie-studenten in Madagaskar. Der Winzling ist mit seinen zehn bis zwölf Millimetern kaum größer als ein Fingernagel.

zu Seite 108,3

9 **Deutschlandquiz** → **GRAMMATIK**

Ergänzen Sie den Komparativ oder Superlativ und kreuzen Sie die richtige Antwort an. Wer hat die meisten richtigen Antworten?

a Welche Stadt hat .... *mehr* .... (viel) Einwohner?
   ☐ Hamburg   oder   ☐ München?

b Welches Bundesland ist .... (groß)?
   ☐ Bayern   oder   ☐ Rheinland-Pfalz?

c Welcher Berg ist .... (hoch)?
   ☐ Die Alpspitze oder   ☐ die Zugspitze?

d Welche Universität ist .... (alt)?
   Die Uni
   ☐ in München   oder   ☐ in Heidelberg?

e In welcher Stadt ist das Leben .... (teuer)?
   ☐ In Berlin   oder   ☐ in Leipzig?

f Welcher Fluss ist .... (lang)?
   ☐ Der Rhein   oder   ☐ die Mosel?

g Welcher See ist .... (klein)?
   ☐ Der Bodensee   oder   ☐ der Chiemsee?

h Wo steht das .... (bekannt) Bierlokal?
   ☐ In Stuttgart   oder   ☐ in München?

i Wo ist der .... (groß) Flughafen in Deutschland?
   ☐ In Frankfurt   oder   ☐ in München?

zu Seite 108,3

10 **Mein Land** → **GRAMMATIK**

Vergleichen Sie Ihr Land mit Deutschland oder mit einem anderen Land. Bilden Sie Sätze mit dem Komparativ. Schreiben Sie zu folgenden Punkten:
Größe – Wetter – Essen – Nationalsport – Leute – Sonstiges
Beispiel: *Bei uns in der Türkei ist das Wetter besser als in Deutschland; es regnet viel weniger.*

LEKTION 9

zu Seite 109, 1

11 Klima → WORTSCHATZ

a Welches Wort passt nicht?

1 Wind – Sturm – leichte Brise – Orkan – ~~Atem~~
2 Blitz – Dürre – Donner – Regen – Gewitter
3 Eis – Schnee – Sonnenschein – Frost – Hagel
4 sonnig – neblig – regnerisch – mild – durstig – kühl
5 Berg – Steg – Gipfel – Gebirge – Tal
6 Spiegel – Sauerstoffflasche – Seil – Rucksack – Zelt

b Ordnen Sie alle Nomen ein, die mit „Wetter" zu tun haben.

feminin	maskulin	neutral
die Sonne	der Regen	das Gewitter

c Was stellen Sie fest? Kreuzen Sie an.
Fast alle Wörter, die zum Thema „Wetter" gehören, sind
☐ maskulin. ☐ feminin. ☐ neutral.

Spiel

zu Seite 109, 1

12 Ratespiel → WORTSCHATZ

Sie denken sich einen Ort/Platz aus. Jeder Ort/Platz ist möglich.
Die anderen stellen Fragen und raten, was Sie sich ausgedacht haben.
Dabei dürfen Sie nur mit „ja" oder „nein" antworten.
Beispiel: Wüste
Gibt es dort viele Leute? – Nein.
Kann man dort schwimmen? – Nein.
Muss man Eintritt bezahlen? – Nein.
Variante: Sie denken sich einen Ort/Platz aus und beschreiben ihn.
Die anderen raten.
Beispiel: *Es gibt nicht viele Leute und Pflanzen dort.*
Ich habe Durst.

zu Seite 109, 3

13 Wortbildung: Derivation → WORTSCHATZ

Leiten Sie von den Adjektiven Nomen ab.

Adjektiv	Nomen auf *-heit*, *-igkeit* oder *-e*
hoch	die Höhe
tief	
kalt	
trocken	
leicht	
groß	
ruhig	
dürr	
nass	
flach	
breit	

LEKTION 9

zu Seite 111, 5

14 Ordnungszahlen: Tabelle → GRAMMATIK

a Ergänzen Sie in der folgenden Übersicht die fehlenden Beispiele.

	Singular maskulin	Singular feminin	Singular neutral	Plural
Nominativ	*der erste Sportler*	*die erste Gruppe*	*das erste Mal*	*die ersten Menschen*
Akkusativ				
Dativ				
Genitiv				

b Ergänzen Sie die Endungen beim unbestimmten Artikel.

	Singular maskulin	Singular feminin	Singular neutral	
Nominativ	ein erst*er* Kuss	eine erst....... Liebe	ein erst....... Kind	
Akkusativ	einen erst....... Kuss	eine erst....... Liebe	ein erst....... Kind	
Dativ	einem erst....... Kuss	einer erst....... Liebe	einem erst....... Kind	
Genitiv	eines erst....... Kusses	einer erst....... Liebe	eines erst....... Kindes	

zu Seite 111, 5

15 Endungsschema: Ordnungszahlen → GRAMMATIK

Markieren Sie die Endungen -e, -en, -er und -es in Aufgabe 14 in verschiedenen Farben. Welche Endungen benutzen Sie selten? Welche benutzen Sie oft? Formulieren Sie eine Regel, mit der Sie persönlich sich die Endungen merken können.

zu Seite 111, 5

16 Kuriosität → GRAMMATIK

Ergänzen Sie in der folgenden Meldung
aus dem Guinness Buch der Rekorde die Zahlen.

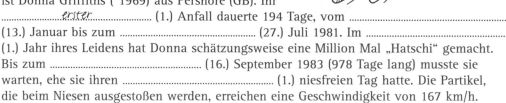

Niesen

Bedauernswertestes Opfer einer seltenen Krankheit
ist Donna Griffiths (*1969) aus Pershore (GB). Ihr
.................*erster*.................... (1.) Anfall dauerte 194 Tage, vom ....
(13.) Januar bis zum .... (27.) Juli 1981. Im ....
(1.) Jahr ihres Leidens hat Donna schätzungsweise eine Million Mal „Hatschi" gemacht.
Bis zum .... (16.) September 1983 (978 Tage lang) musste sie
warten, ehe sie ihren .... (1.) niesfreien Tag hatte. Die Partikel,
die beim Niesen ausgestoßen werden, erreichen eine Geschwindigkeit von 167 km/h.

LEKTION 9

zu Seite 111, 6

17   Was ist falsch? → GRAMMATIK

Sind die Sätze richtig oder falsch? Kreuzen Sie an. Korrigieren Sie
die falschen Sätze.

		richtig	falsch
a	Er spielt so gut Tennis *wie* ~~als~~ Peter.	☐	☒
b	Japan hat mehr Einwohner wie Deutschland.	☐	☐
c	Er gehört zu den besten Sportlern der Welt.	☐	☐
d	Sie hat die mehrere Fehler gemacht als ich.	☐	☐
e	Dortmund hat eine bessere Fußballmannschaft wie Karlsruhe.	☐	☐
f	Das war sein bestes Spiel.	☐	☐
g	Der Everest ist wesentlich hoch als der Montblanc.	☐	☐
h	Susanne ist nicht ganz so alt wie ich.	☐	☐
i	Er geht ins gleiche Fitnessstudio als ich.	☐	☐

zu Seite 111, 6

18   Komparativ → GRAMMATIK

a   Ordnen Sie die Namen der rechten Spalte den Berufen der linken Spalte zu.

b   Bilden Sie zu zweit Fragen und antworten Sie mit *genauso / nicht so ... wie*
oder mit dem Komparativ.

Beispiel: Welches Fotomodell ist hübscher – Claudia Schiffer oder Naomi Campbell?
Claudia Schiffer ist hübscher als Naomi Campbell. Oder: *Claudia Schiffer ist*
genauso / nicht so hübsch wie Naomi Campbell.

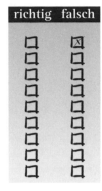

Berufe	Namen
Fotomodell	Marlene Dietrich – Gérard Depardieu
Politiker	Pablo Picasso – Rembrandt
Regisseure	Steven Spielberg – Caroline Link
Fußballtrainer	Karl Lagerfeld – Giorgio Armani
Maler	Johann Wolfgang von Goethe – William Shakespeare
Schriftsteller	Franz Beckenbauer – Jürgen Klinsmann
Schauspieler/innen	John F. Kennedy – Helmut Kohl
Modeschöpfer	Claudia Schiffer – Naomi Campbell

zu Seite 114, 1

19   Persönlicher Brief → SCHREIBEN

Schreiben Sie einen Brief an eine Freundin / einen Freund und
berichten Sie von einem Sportunfall, den Sie gehabt haben.

> *Zürich, den 1. 4. 20. .*
>
> *Liebe Susanne,*
> *es tut mir wirklich leid, dass ich mich so lange nicht gemeldet habe.*
> *Aber stell Dir vor, was passiert ist! Vor vier Wochen* ....
> ....
> ....
> ....
> *Jetzt kannst Du vielleicht verstehen, warum* ....
> ....
> *Aber Gott sei Dank geht* ....
> *Du musst Dir also keine* ....
> *Ich freue mich, wenn Du mir bald schreibst.*
> *Deine Carla*

zu Seite 114, 4

20 Meinungen äußern → SPRECHEN

Suchen Sie sich eine der beiden Aussagen aus und versuchen Sie, Ihre Lernpartnerin / Ihren Lernpartner von dieser Meinung zu überzeugen.

„Ich bewundere Menschen, die Extremsportarten ausüben."

„Sport ist Mord!"

Erst vor Kurzem habe ich gelesen ...
Die Statistik sagt, dass ...
Jeder weiß doch, dass ....
Es ist doch klar, dass ...
Du musst doch zugeben, dass ...
Vergiss bitte nicht, dass ...
Die Leute haben nichts Besseres zu tun, als ...

Beispiel: *Erst vor Kurzem habe ich gelesen, dass in den Alpen jährlich viele Menschen verunglücken, weil sie unvorsichtig sind. Ich finde, man kann nicht genug vor solchem Leichtsinn warnen.*

zu Seite 115, 2

21 Leserbrief → SCHREIBEN

a Lesen Sie den folgenden Ausschnitt aus einem Zeitungsartikel.

Abenteuer Everest

1996 machte sich ein Filmteam zusammen mit einer internationalen Bergsteigertruppe auf den Weg zum höchsten Gipfel der Welt. Das Filmmaterial, das sie von dieser Tour mitgebracht haben, dokumentiert in atemberaubender Weise die zwei Seiten des Riesen: die fantastische Schönheit der Natur – und die immensen Gefahren. Tagelange Stürme, bittere Kälte bringen den Menschen bis an die Grenze seiner Leistungsfähigkeit. Acht Bergsteiger starben bei dem Abenteuer – die größte Tragödie in der Everest-Geschichte.

b Halten Sie es für richtig, dass Menschen ihr Leben aufs Spiel setzen, um die höchsten Gipfel der Erde zu besteigen? Schreiben Sie einen Leserbrief zu diesem Thema. Sagen und begründen Sie Ihre Meinung. Beachten Sie dazu die formalen Merkmale eines Leserbriefs.

1   Lied

LERNER-CD 33

a Hören Sie den folgenden Liedtext.

b Lesen Sie den Text und lernen Sie ihn auswendig.

Auf der Mauer, auf der Lauer
sitzt 'ne kleine Wanze.
Auf der Mauer, auf der Lauer
sitzt 'ne kleine Wanze.
Sieh dir mal die Wanze an,
wie die Wanze tanzen kann.
Auf der Mauer, auf der Lauer
sitzt 'ne kleine Wanze.

c Sprechen Sie den Vers. Lassen Sie dieses Mal immer das *e* am Ende
von *Wanze* und das *en* bei *tanzen* weg.

d Wiederholen Sie den Vers. Lassen Sie wieder einen Laut weg, sprechen Sie
also *Wan-tan*. Machen Sie so weiter, bis die Wörter ganz verschwunden sind.

2   e – er

LERNER-CD 34

Hören Sie die folgenden Wortreihen. Sprechen Sie sie anschließend nach.

Liebe	lieber	Liebe
Höhe	höher	Höhe
Größe	größer	Größe
Tiefe	tiefer	Tiefe
übe	über	übe
Lange	langer	Länge
Weite	weiter	Weite

3   Wortpaare

LERNER-CD 35

a Welches Wort hören Sie? Unterstreichen Sie das Wort, das Sie hören.

Studenten	<u>Studentin</u>
leben	lieben
rennen	rinnen
legen	liegen
sprecht	spricht
Meer	mir
Kollegen	Kollegin
der	dir
bitten	betten
sprengen	springen
Leder	Lieder

b Sprechen Sie die Wortpaare selbst.

4   Diktat

Diktieren Sie Ihrer Lernpartnerin / Ihrem Lernpartner Teil **a** oder Teil **b**.

a Abenteurer sucht lustige Begleiterin, die mit ihm durch Urwälder wandert, auf Surf-
brettern die Meere unsicher macht und jedes Gebirge erklimmt. Bist du die Richtige?
Dann melde dich! Wir können auch die Stürme des Lebens gemeinsam erleben.

b Lust auf Silvester in der Hängematte? Möchte vier Wochen mit dem Fahrrad durch Süd-
amerika fahren. Bin flexibel genug, auch andere Ziele anzusteuern. Welcher
Naturfreund ist unternehmungslustig und hat genug Humor, auch mal Kakerlaken
zu ertragen? Melde dich bei mir!

LEKTION 9 – *Lernkontrolle*

Lernkontrolle: Was haben Sie in diesem Kapitel gelernt?
Kreuzen Sie an.

Ich kann ...

Lesen

☐ ... Schlagzeilen und Zeitungsausschnitten über einen berühmten Bergsteiger die Kernaussage entnehmen.

☐ ... einem Ausschnitt aus einer Biografie über diesen Bergsteiger Detailinformationen entnehmen.

☐ ... einem Ratgebertext aus dem Internet Informationen und Empfehlungen für die Planung der eigenen sportlichen Aktivitäten entnehmen und mich dabei über Vor- und Nachteile verschiedener Sportarten informieren.

☐ ... einer Chronik Hauptinformationen entnehmen.

Hören

☐ ... einer Radiosendung über die Trendsportart *Nordic Walking* Hauptinformationen entnehmen.

☐ ... kontroverse Meinungen und Urteile über diese Sportart verstehen.

Schreiben – Interaktion

☐ ... einen Leserbrief zu einem Zeitungsbericht über tödliche Unfälle in den Bergen verfassen und dabei die Textsortenmerkmale des formellen Briefes anwenden.

Sprechen – Produktion

☐ ... eine Person auf einem Foto beschreiben.

☐ ... interessante Ergebnisse aus einem Interview vorstellen.

☐ ... über die eigenen sportlichen Aktivitäten berichten.

Sprechen – Interaktion

☐ ... mich in einem Interview zum Thema *Traumberuf* über Träume und Ziele äußern.

☐ ... in einer Diskussion meine Meinung über Gefahren beim Sport äußern und auf die Meinung anderer eingehen.

Wortschatz

☐ ... Nomen und Ausdrücke zum Wortfeld *Sport* verwenden.

☐ ... die Verben *spielen* und *machen* zur Beschreibung von Sportarten korrekt einsetzen.

☐ ... Landschaften, Klima und Merkmale von Landschaften durch Nomen und Adjektive benennen.

Grammatik

☐ ... Formen des Vergleichs und des Superlativs richtig einsetzen.

☐ ... Ordnungszahlen zum Ausdruck von Reihenfolgen formal richtig bilden.

Sprechen Sie mit Ihrer Kursleiterin / Ihrem Kursleiter über Tipps zum Weiterlernen.

Verben

ableiten von + *Dat.*

besorgen für + *Akk.*

einschalten

erhalten

färben

feststellen

halten von + *Dat.*

kombinieren

loben für + *Akk.*

passen

sich kleiden

teilhaben an + *Dat.*

tragen

zusammenhängen mit + *Dat.*

Nomen

das Abendkleid, -er

der Absatz, ¨e

das Accessoire, -s

der Anlass, ¨e

die Armbanduhr, -en

die Baumwolle

die Boutique, -n

der Designer, -

der Einkaufsbummel, -

der Entwurf, ¨e

die Freizeitkleidung

die Gelegenheit, -en

die Größe, -n

der Hosenanzug, ¨e

die Jeans, -

die Kleidung

das Kleidungsstück, -e

die Kollektion, -en

das Leder

das Leinen

die Linie, -n

der Markenname, -n

das Material, -ien

die Mode, -n

der Modedesigner, -

die Modenschau, -en

der Modeschöpfer, -

die Modeströmung, -en

der Overall, -s

der Pelz, -e

der Reißverschluss, ¨e

der Schnitt, -e

der Stil, -e

die Stilrichtung, -en

der Stoff, -e

das Tuch, ¨er

der Wandel

Adjektive/Adverbien

anliegend

bequem

bunt

dringend

einfach

einfarbig

eng

geblümt

gestreift

kariert

modisch

nüchtern

robust

sichtbar

weiblich

weit

Ausdrücke

den Eindruck erwecken

den Preis erstatten

den Vorzug geben

ein Kleidungsstück tragen

einen Wunsch erfüllen

im Vordergrund stehen

in Mode sein/kommen

jemanden um Hilfe bitten

wie angegossen passen

zur Blüte kommen

10

__1__   Wortfeld *Mode* → **WORTSCHATZ**

Ordnen Sie zu.

einfarbig – weiblich – geblümt – eng – bunt – Tuch – Pelz – Hemd – Stoff –
Handtasche – Hosenanzug – kariert – gestreift – Armbanduhr – anliegend –
Kostüm – Baumwolle – weit – Ohrring – Leder

Accessoire	Material	Muster	Form	Kleidungsstück	Farbe
Tuch					

zu Seite 117

2 Interview mit Karl Lagerfeld → **LESEN**

Ordnen Sie die Antworten den Fragen zu.

FRAGEBOGEN

Wenn ich König von Deutschland wäre ...
Interview mit Karl Lagerfeld

Welche Hymne würden Sie wählen?

Welches Symbol wäre auf Ihrer Staatsflagge?

Wer dürfte Ihre Kleidung schneidern?

Wohin dürften Ihre Bodygards Sie auf keinen Fall begleiten?

Was müsste unbedingt in Ihrem Büro stehen?

In welchem Fortbewegungsmittel würden Sie sich in der Öffentlichkeit bewegen?

An welchem Skandal könnten Sie scheitern?

Ich hoffe, so geliebt zu werden, dass ich keine brauche.

Ein Eisschrank voll mit Cola.

Bei meinem „tugendhaften"[1] Lebenswandel?

BMW[2] könnte was Nettes entwerfen.

Etwas, was Deutschland definiert, aber im Rahmen von Europa.

Ich kann auch Boss[3] von der Stange tragen.

Ich würde Elton John bitten, mir eine zu komponieren.

[1] „ordentlich" [2] Automarke [3] Modemarke

zu Seite 119, 3

3 Berühmte Modeschöpfer: Jil Sander → **WORTSCHATZ**

Lesen Sie den Text und ergänzen Sie die folgenden Wörter.

Laden – Boutiquen – Modeschöpferin – Kollektion – Markennamen – Mode – Qualität

JIL SANDER: Königin des Purismus

Kunst des Weglassens steht für Jil Sanders ....*Marken-*........ .....*namen*....... . Die .... von Jil Sander spricht eine leise, sehr klare Sprache. Wie kaum eine andere .... beherrscht sie es, sich auf das Wesentliche zu beschränken. Ihr Look ist einfach, schlicht und zeitlos und von höchster ...., was Stoffe und Material betrifft.

Aus dem Nichts ein weltweites Imperium

In der Milchstraße, in Hamburg-Pöseldorf, hat alles angefangen. Dort eröffnete Jil Sander 1968 ihren ersten .... Ihre erste eigene .... brachte sie fünf Jahre später, 1973, auf den Markt. Heute gibt es .... in aller Welt. Inzwischen hat sich die Firmengründerin aus dem aktiven Geschäftsleben zurückgezogen.

zu Seite 119, 5

4 Partizip I → **GRAMMATIK**

Ordnen Sie ein passendes Nomen zu und bilden Sie das Partizip I in der richtigen Form.

a	leucht*ende*............	Outfit
b	weich fall.................	Kleid
c	ein gut aussehe.................	Farben
d	das pass.................	Model
e	ein eng anlieg.................	Kragen
f	ein hoch steh.................	Stoff

LEKTION 10

zu Seite 119, 6

_5_ Partizip II → GRAMMATIK

Ergänzen Sie das Partizip II.

a Die stark ....*geschminkten*............ Augen. (schminken)
b Die tief .... Haut. (bräunen)
c Der klassisch .... Anzug. (schneiden)
d Der hoch-.. Rollkragenpullover. (schließen)
e Der .... Rock. (schlitzen)
f Die .... Stiefel. (schnüren)
g Die .... Nase. (pudern)
h Die .... Hemdjacke. (knöpfen)
i Die .... Taschen. (aufsetzen)

zu Seite 119, 6

_6_ Partizip I oder II? → GRAMMATIK

Ergänzen Sie das Partizip I oder II in der richtigen Form.

a Fast hätte ich dich mit den ....*gefärbten*............ (färben) Haaren nicht wiedererkannt.
b Wir betrachteten still die gerade .... (aufgehen) Sonne.
c Die Polizei hat meine .... (stehlen) Brieftasche gefunden.
d Ich hätte gern frisch .... (pressen) Orangensaft.
e Die Lehrerin gab die .... (korrigieren) Aufsätze zurück.
f Geh nicht mit den frisch .... (waschen) Haaren aus dem Haus.
g Ich hätte gern eine dazu .... (passen) Bluse.
h Wir gingen trotz der .... (glühen) Hitze spazieren.
i Schicken Sie bitte den .... (unterschreiben) Vertrag zurück.
j Du hast die .... (brennen) Zigarette liegen lassen!
k Das kürzlich .... (erscheinen) Buch von Ihnen hat mir sehr gut gefallen.

zu Seite 120, 2

_7_ Adjektive → WORTSCHATZ

a Bilden Sie Komposita.

pech	leicht	= ....
schnee	schwarz	= ....*pechschwarz*..........
bild	blau	= ....
feuer +	weiß	= ....
feder	braun	= ....
himmel	rot	= ....
schokoladen	dünn	= ....
hauch	hübsch	= ....

b Kombinieren Sie die Adjektive mit passenden Nomen.
Beispiel: pechschwarzes Haar

zu Seite 121, 4

_8_ Abkürzungen → WORTSCHATZ

Ordnen Sie die Bedeutungen den Abkürzungen zu.

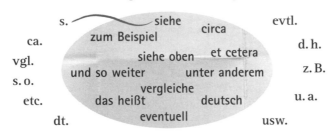

s. — siehe   evtl.
ca.   circa   d. h.
vgl.   zum Beispiel
         siehe oben   et cetera   z. B.
s. o. und so weiter   unter anderem   u. a.
etc.   vergleiche
      das heißt   deutsch
dt.   eventuell
         siehe   usw.

AB 123

zu Seite 121, 5

__9__   Modeströmungen → **LESEN**

Lesen Sie den folgenden Artikel aus einer Jugendzeitschrift und ordnen Sie die Bilder A bis E den Textabschnitten zu.

▣ Nie waren Klamotten* so bunt wie heute: Die Mode der Techno-Generation erobert mit Farbschocks die Kleiderschränke. Was früher unmöglich war, ist heute erlaubt,
☐ zum Beispiel wildes Kombinieren von Mustern und Stoffen.
☐ Auf dem Kopf Piratentücher, Kappen und Mützen in allen Variationen.
☐ An den Füßen trägt man Schuhe oder Stiefel mit dicken Sohlen, je höher, desto besser.
Was gehört noch zur Techno-Mode? Schrille Brillen, Ringe in Ohren, Nasen, Bauchnabel, Augenbrauen und Lippen.

☐ Die „Uniform" der Achtziger – Jeans, Sweatshirt und Basketball-Schuhe – gehört endlich in die Altkleider-Sammlung.

In den Neunzigern will jeder einzigartig und verrückt sein und aussehen. Den Trend machen die jungen Leute, und noch reagieren viele Ältere schockiert. Doch sicher nicht mehr lange! Die Techno-Mode hat bereits die Laufstege der internationalen Modemacher erobert.

*umgangssprachlich für Kleidung

zu Seite 122, 4

__10__   Textrekonstruktion *Aschenputtel* → **LESEN**

Bringen Sie die folgenden Textstücke A bis F in die richtige Reihenfolge, sodass sich eine Inhaltsangabe des Märchens *Aschenputtel* ergibt.

_1_ A Ein reicher Mann hatte eine Frau und eine Tochter. Das Mädchen versprach seiner Mutter, die todkrank war, gut und fromm zu sein. Daraufhin starb die Mutter.

☐ B Da ging sie zum Grab und wünschte sich ein wunderschönes Kleid, das sie auch von dem Vogel bekam. Sie lief zum Fest, wo niemand sie erkannte, weil sie so wunderschön war. Der Königssohn tanzte mit ihr. Als er sie nach Hause bringen wollte, lief Aschenputtel schnell weg. Da verlor sie ihren Schuh.

☐ C Einmal brachte der Vater den Stieftöchtern schöne Kleider mit und Aschenputtel einen Zweig, den sie sich gewünscht hatte. Aschenputtel pflanzte den Zweig auf das Grab ihrer Mutter. Aus diesem Zweig wurde ein Baum, auf dem ein Vogel saß. Wenn Aschenputtel sich etwas wünschte, erfüllte der Vogel ihr den Wunsch.

☐ D Eines Tages gab der König ein großes Fest für seinen Sohn, der eine Braut suchte. Auch die beiden Stiefschwestern gingen zu diesem Fest. Aber Aschenputtel musste zu Hause bleiben, weil sie keine schönen Kleider hatte.

☐ E Der Königssohn fand den Schuh und sagte, dass er das Mädchen, dem dieser Schuh gehöre, heiraten wolle. Nach langem Suchen fand er Aschenputtel. Der Schuh passte ihr wie angegossen. Die beiden heirateten und waren glücklich und zufrieden bis an ihr Ende.

☐ F Nach einiger Zeit heiratete der Mann eine andere Frau, die zwei Töchter hatte. Die Stiefschwestern und die Stiefmutter behandelten das Mädchen schlecht. Sie nahmen ihr alle schönen Kleider weg. Für das arme Mädchen begann eine furchtbare Zeit. Sie musste neben dem Herd in der Asche liegen. Deshalb wurde sie Aschenputtel genannt.

zu Seite 123,3

__11__   Einkaufsbummel → **WORTSCHATZ**

Ergänzen Sie den folgenden Dialog.

Ich brauche mal wieder eine neue Jeans. Können
wir uns nicht mal kurz in diesem Laden
.... *umschauen* ....?

Gute ....!
Deine Jeans ist wirklich nicht mehr
sehr ....

Guck mal, wie
.... du die da?

Nicht schlecht.

Was, 75 Euro für eine Jeans!!!
Die ist mir ....

Hier .... für 60 Euro.
Die würde ich ....

Die wird mir aber ....
Ich habe zwei Kilo zugenommen.

Ach, komm, jetzt .... sie
doch mal an!

Wie .... du sie?
Sehe ich nicht zu dick darin aus?

Nein, die .... dir
ausgezeichnet.

Hm, vielleicht hast du ...., aber
ich hätte lieber eine andere Farbe.

.... doch mal die Verkäuferin!

Haben Sie diese Hose vielleicht in Schwarz?

Ja, ich schau mal; wenn hier keine hängt, dann
.... wohl eine im Lager sein. Ich
.... mal nach. – Nein, tut mir ....,
die haben wir nur in Dunkelblau und in Weiß.

Na ja, was soll's. Dann .... ich
eben die dunkelblaue.

zu Seite 123,5

__12__   Bedeutung: *werden* + Infinitiv → **GRAMMATIK**

Welche Bedeutung haben die folgenden Sätze? Ordnen Sie zu.

☑☐☐☐ Vermutung   ☐☐☐ Versprechen
☐☐☐ Erwartung   ☐☐☐ Drohung/Warnung

a Er wird wohl krank sein.
b Du wirst schon sehen, was das nächste Mal passiert, wenn du so weitermachst.
c Er wird in Urlaub gefahren sein.
d Ich werde morgen wirklich aufhören zu rauchen.
e Ich spüre es, der Film wird gut ausgehen.
f Ich werde dir was Schönes zum Anziehen kaufen.
g Du wirst mich noch ruinieren, wenn du weiterhin so viel Geld ausgibst.
h Er wird mit seiner neuen Kollektion viel Geld verdienen.
i Ich werde dich dieses Mal an deinem Geburtstag anrufen.
j Alle werden über dich lachen, wenn du so aus dem Haus gehst.
k Die nächste Party wird ein voller Erfolg werden.

zu Seite 123, 5

13 Vermutungen → GRAMMATIK

Formen Sie die folgenden Sätze um. Achten Sie auf die Zeit.
Beispiel: Wahrscheinlich ist mir die Hose zu klein.
Die Hose wird mir zu klein sein.

a Die Jacke ist wahrscheinlich nicht ganz billig.
b Ich bin mir fast sicher, dass sie meinem Freund gefällt.
c Er hat vermutlich mal wieder zu viel getrunken.
d Das Flugzeug hat sehr wahrscheinlich Verspätung.
e Er hat wahrscheinlich keine Lust.
f Ich vermute, sie ist in einen Stau gekommen.
g Wahrscheinlich ist er krank geworden.
h Er ist wohl beim Friseur.

zu Seite 125, 8

14 So kleidet Man(n) sich → LESEN

a Lesen Sie den folgenden Zeitungsartikel.

So kleidet Man(n) sich

Kleider machen Leute – ein altes Sprichwort. Doch ist Mode nur Lieblingsthema der Frauen? Die Nürnberger Gesellschaft für Konsumforschung (GfK) zumindest behauptet das.

In einer aktuellen Studie wurden 1500 deutsche Männer nach ihren Einkaufsgewohnheiten befragt, nach der Bedeutung, die sie ihrer Bekleidung beimessen, wie viel Geld sie im Jahr ausgeben und nach welchen Kriterien sie einkaufen.

Was herauskam, ist kaum zu glauben: Der deutsche Mann ist ein Modemuffel. Zwei Drittel aller Männer gehen maximal dreimal im Jahr einkaufen, über 80 Prozent geben dabei nicht mehr als 500 Euro aus. Nur die jungen Leute (unter 49 Jahren) haben Spaß an der Mode und am Einkaufen. 77 Prozent aller Männer verbrauchen dieses Jahr voraussichtlich genauso viel wie letztes Jahr, 20 Prozent möchten gern ein paar Euro sparen.

Die Wertmaßstäbe beim Kleidungskauf sind ein gutes Preis-Leistungs-Verhältnis (71 Prozent), exzellente Qualität (45,3 Prozent) und ein günstiger Preis (knapp 40 Prozent). Auf die Frage: „Was braucht der deutsche Mann, um glücklich zu sein?" antworteten die meisten: „Jeans, T-Shirt, Sweatshirt und Sportjacke" – aus dem Kaufhaus (69 Prozent), dem Fachgeschäft (28 Prozent) oder aus dem Katalog (17 Prozent).

b Welche der Aussagen sind richtig, welche falsch?

	richtig	falsch
1 Man hat deutsche Männer und Frauen gefragt, wie wichtig ihnen Mode ist.	☐	☒
2 Hauptsächlich Frauen interessieren sich für Mode.	☐	☐
3 Ungefähr 60 Prozent der Männer gehen mindestens dreimal pro Jahr einkaufen.	☐	☐
4 80 Prozent geben höchstens 500 Euro jährlich für Kleidung aus.	☐	☐
5 Das Wichtigste beim Einkauf von Kleidern ist, dass sie billig sind.	☐	☐
6 Die meisten kaufen in speziellen Modeboutiquen.	☐	☐

LEKTION 10

zu Seite 126, 2

15 Reklamation → SCHREIBEN

a Lesen Sie den folgenden Brief und kreuzen Sie an, welches Wort passt.

b Schreiben Sie das richtige Wort in die Lücke.

Absender
Empfänger

Ort, Datum

.... *Reklamation* .... (1) Ihrer Lieferung vom 13. 2.

.... (2) Damen und Herren,

.... (3) finden Sie die Jacke, die ich bei

Ihnen am 6. 2. schriftlich .... (4) habe.

Leider musste ich .... (5), dass die Jacke

nicht die Größe hat, die ich angegeben hatte.

.... (6) ist sie auch nicht grün, wie ich

wollte, ... (7) rosa. Ich möchte Sie

deshalb bitten, die Jacke .... (8)

und mir das Geld zu .... (9).

Mit freundlichen Grüßen

Franziska Bräuer

1 ☐ Beschwerde	☐ Umtausch	☒ Reklamation
2 ☐ Liebe	☐ Sehr geehrte	☐ Verehrte
3 ☐ in der Anlage	☐ beiliegend	☐ mit getrennter Post
4 ☐ angefordert	☐ bestellt	☐ gekauft
5 ☐ feststellen	☐ merken	☐ auffallen
6 ☐ außerdem	☐ allerdings	☐ andernfalls
7 ☐ aber	☐ sondern	☐ auch
8 ☐ zurückzunehmen	☐ auszutauschen	☐ umzutauschen
9 ☐ erstatten	☐ ersetzen	☐ bestatten

zu Seite 127, 2

16 Gesprochene Sprache → SPRECHEN

Unterstreichen Sie, was typisch ist für die gesprochene Sprache.

Ordnen Sie die unterstrichenen Beispiele in die Tabelle ein.

Modalpartikeln	Ausdrücke/ Formulierungen	Hauptsatz nach *weil*	Abkürzungen
eigentlich	absolut		

- Eigentlich mag ich Jeanshosen überhaupt nicht. Weil ... ich mag den Stoff nicht so arg, der ist ein bisschen fest und das gefällt mir eigentlich nicht so. Aber er ist schön warm und deswegen hab ich das ganz gerne, vor allem, wenn es regnet, dann ist das ganz angenehm.

● Hallo, Sie tragen eine Jeans. Ist das Ihre Lieblingskleidung, oder ...?

▲ Ja, absolut. Ich liebe Jeans. Das sind meine absoluten Lieblingshosen. Immer schon gewesen. Weil man 'ne Jeanshose anziehen kann, wenn man Kinder hat, weil man 'ne Jeanshose anziehen kann, wenn man in die Arbeit muss, und weil man 'ne Jeanshose anziehen kann, wenn man abends mit Freunden Essen gehen will. Passt einfach zu allem und die sind vor allem wahnsinnig bequem, weil ... die sind ja aus Baumwolle und Baumwolle passt sich ja an, die wachsen so mit.

zu Seite 127, 2

17 *Eigentlich* und *einfach* → **SPRECHEN**

Welche Bedeutung haben *eigentlich* und *einfach*? Ordnen Sie zu.

Benutzt man ...

a Die Hose ist schön, aber eigentlich brauche ich sie nicht.	1 wenn man einer Frage mehr Gewicht geben möchte.
b Wie viel kostet die Jeans eigentlich?	2 wenn man etwas betonen/ verstärken möchte.
c Die Jeans ist mir einfach zu teuer.	3 als umgangssprachliches Synonym für *im Grunde*.

zu Seite 127, 2

18 *Eigentlich* oder *einfach*? → **SPRECHEN**

Ergänzen Sie.

a Ich bin so müde. Ich will ....*einfach*............... nur schlafen! Sonst nichts.

b Anfangs fand ich ihn total unsympathisch. Aber .... ist er ganz nett.

c .... finde ich Jeans blöd. Aber sie sind so bequem.

d Ich hatte so viel Spaß! Es war .... ein schöner Tag!

e Hast du .... deine Hausaufgaben schon gemacht?

f Keine Ahnung, wo Carlo ist. Er ist .... gegangen, ohne etwas zu sagen.

g Oh Gott! Schon so spät! .... wollte ich schon längst nach Hause gehen.

h Darf ich dich mal was fragen? Wie alt bist du ....?

i Das geht doch nicht! Du kannst doch jetzt nicht .... absagen!

zu Seite 127, 2

19 Modalpartikel *ja* → **SPRECHEN**

Die Partikel *ja* benutzt man

1 in Aussagesätzen, wenn man auf etwas Bekanntes hinweisen oder etwas begründen will.

2 in Ausrufesätzen, wenn man Erstaunen ausdrücken möchte.

3 im Imperativ, wenn man Ratschläge oder Warnungen verstärken möchte. (In diesem Fall ist „ja" betont, sonst unbetont.)

Welche Bedeutung hat *ja* in den folgenden Sätzen? Ordnen Sie zu.

a Oh Gott! Die Hose ist ja viel zu eng! ....2...........

b Zieh dich ja schick an. Das ist eine Cocktail-Party. ....

c Du weißt ja, dass Marlene auch kommt. ....

d Und sei ja pünktlich! ....

e Das passt ja überhaupt nicht zu dem Anzug! ....

f Ich bin ja nicht blöd! ....

1 Gedicht

LERNER-CD 36

a Lesen Sie das Gedicht einmal leise für sich. Unterstreichen Sie die langen Vokale.

Der Herr von Hagen

Herr von Hagen,	als Sie lagen,
darf ich's wagen,	krank am Magen,
Sie zu fragen,	im Spital
welchen Kragen	in Kopenhagen?
Sie getragen,	

b Hören Sie das Gedicht von der CD.
Korrigieren Sie Ihre Unterstreichungen, wo nötig.

c Lesen Sie das Gedicht laut.

2 Kurz oder lang?

Lesen Sie die Wörter laut.

	kurz		lang
a	Jacke, Kontrast	a	Saal, Nase
ä	Ohrläppchen, lächeln	ä	ähnlich, Ärger
e	Hemd, Kette	e	Leder, Regen
i	Ring, Lippen, dick	i	Stil, Stiefel
o	Wolle, Hochzeit	o	Hose, Sohle, rot
ö	möchte, Röcke	ö	Söhne, Lösung
u	Duft, kurz, Verschluss	u	Bluse, Hut, Schuh
ü	Mütze, dünn	ü	Füße, düster, Kostüm

3 Wortpaare

LERNER-CD 37

Hören Sie die folgenden Wortpaare und sprechen Sie sie nach.

a		u		i		o	
kam	Kamm	Wüste	wusste	Stil	still	Mode	Motte
Schal	Schall	Hüte	Hütte	Wiese	wissen	Sohle	soll
warte	Watte	fühlen	füllen	Riese	Riss	Hof	hoffen
jagen	Jacken	Sturm	stumm	schief	Schiff	wohl	Wolle
lag	Lack			Liebe	Lippe	Sport	Spott

4 Regel zu langen und kurzen Vokalen

Ergänzen Sie weitere Beispiele aus Übung 2 und 3.

Der Vokal ist ...		Beispiele
immer kurz:	Vokal und Doppelkonsonant:	Lippe
oft kurz:	Vokal und zwei oder mehr Konsonanten:	Duft
	Vokal und *ck*:	Röcke
	Vokal und *tz*:	Mütze
immer lang:	*aa/ee/oo*:	Saal
	ie:	Liebe
	Vokal und *h*	ähnlich
	Vokal + Konsonant + Vokal:	Bluse
oft lang:	Vokal und Konsonant am Wortende:	rot

Lernkontrolle: Was haben Sie in diesem Kapitel gelernt?

Kreuzen Sie an.

Ich kann ...

Lesen

☐ ... einen Sachbuchtext über den Modeschöpfer Karl Lagerfeld in seinen Hauptaussagen verstehen.

☐ ... einen ausführlichen Lexikonartikel über das Stichwort *Mode* kursorisch lesen und die Hauptaussagen entnehmen.

☐ ... die Beschreibungen von Moderichtungen und Kleidungsstilen aus einem Sachbuch über Herren- und Damenmode verstehen.

Hören

☐ ... das Märchen *Aschenputtel* hören, dem Handlungsablauf folgen und wichtige Details verstehen.

☐ ... einem Radiofeature über den Erfinder der Jeans und die weltweite Verbreitung dieses Kleidungsstücks die Hauptinformationen und Einzelheiten entnehmen.

Schreiben – Interaktion

☐ ... ein einfaches Reklamationsschreiben verfassen und dabei die Merkmale des formellen Briefes einsetzen.

Sprechen – Produktion

☐ ... über eine Person spekulieren.

☐ ... das Märchen *Aschenputtel* nacherzählen.

Sprechen – Interaktion

☐ ... in einer Einkaufssituation den Gesprächspartner beraten.

☐ ... die Rolle des Kunden übernehmen.

☐ ... in der Rolle des Verkäufers einem Kunden etwas empfehlen.

Wortschatz

☐ ... Nomen zum Wortfeld *Kleidungsstücke, Schuhe, Accessoires* verwenden.

☐ ... deren Farbe, Material, Muster und Schnitte mithilfe von Nomen und Adjektiven genau beschreiben.

Grammatik

☐ ... die Formen von Partizip I und Partizip II in ihren unterschiedlichen Funktionen korrekt verwenden.

☐ ... *werden* + Infinitiv zum Ausdruck von Vermutung, Bekräftigung oder Drohung verwenden.

☐ ... Zukünftiges korrekt ausdrücken.

Sprechen Sie mit Ihrer Kursleiterin / Ihrem Kursleiter über Tipps zum Weiterlernen.

LÖSUNGEN

S. 7/1 (Lösungsbeispiele) Arbeit: Arbeitszeit, Überstunde, Berufsleben, Einstellung, in Rente gehen, Eigeninitiative; Freizeit: Faulenzen, reif für, Energie haben, im Internet surfen, Zeit sparen, sich entspannen, Interesse, Zeiteinteilung

S. 9/4 b) (Lösungsbeispiele) (1) Viel Wert lege ich auf Zufriedenheit. Ich möchte zufrieden sein mit meinem Beruf, weil ich dort viel Zeit verbringe. (2) Nicht so wichtig ist für mich die Herausforderung, weil es schon genug Stress gibt. (3) Überhaupt nicht wichtig ist mir das Prestige, weil mir die anderen Leute egal sind.

S. 10/5 a) auf eigene Rechnung arbeiten, Partneragentur gründen, rund um die Uhr arbeiten, der/die Angestellte, die Firma, die Fünftagewoche, Spaß an der Arbeit haben, die Chefin, der/die Selbstständige

S. 10/5 c) (2) in Rente gehen, die Rente, im Ruhestand sein (3) der/die Arbeitslose, Arbeit haben, Überstunden machen, produzieren, die 38-Stunden-Woche, die Agentur für Arbeit

S. 11/6 Firma, Familienleben, Alltag, Idyll, Rente, Hausmann, Ruhestand, Chaos

S. 11/7 a) ihr würdet brauchen – du wüsstest – wir sollten – du dürftest – sie würden geben / gäben – ich wäre – wir würden treffen / träfen – er müsste – ich würde gehen / ginge – du würdest bringen / brächtest – ihr könntet – sie würden lesen – ich würde schlafen / schliefe – sie würde erzählen

S. 11/7 b) ich hätte gespielt – wir wären gefahren – ihr wäret geblieben – wir hätten gewusst – er hätte gekannt – ich wäre ausgegangen – sie hätte gesagt – ich hätte gewollt – ihr hättet gesehen – er hätte gelesen – wir hätten geschrieben – ich hätte gehabt – sie hätte gearbeitet – er wäre gegangen – ihr hättet gemacht

S. 12/8 (Lösungsbeispiele) a) Wenn ich nicht mehr arbeiten müsste, würde ich eine Weltreise machen. b) Wenn ich drei Monate Urlaub machen würde, würde ich nach Australien fliegen. c) Wenn ich Deutschlehrer wäre, würde ich keine Grammatik machen. d) Wenn ich einen Film machen könnte, würde ich ein Buch von Ken Follet verfilmen. e) Wenn ich einen Abend mit Claudia Schiffer verbringen würde, würde ich ihr einen Heiratsantrag machen. f) Wenn ich eine berühmte Person in unseren Deutschkurs einladen könnte, würde ich Arnold Schwarzenegger einladen.

S. 12/10 b) gelernt hättest; c) aufgestanden wäret; d) angerufen hättest; e) gefragt hättest

S. 12/11 a) (1) Wenn ich gestern nicht zu spät gekommen wäre, hätte ich Susanne (noch) getroffen. (2) Wenn Oma nicht ohne Schal Motorrad gefahren wäre, hätte sie (jetzt) keine Halsschmerzen. (3) Wenn ich einen Regenschirm mitgenommen hätte, wäre ich gestern nicht nass geworden. (4) Wenn ich mehr gelernt hätte, hätte ich die Prüfung bestanden. (5) Wenn ich nicht so wild getanzt hätte, hätte ich mir gestern am Fuß nicht wehgetan. (6) Wenn ich nicht mit dem Videorekorder gespielt hätte, hätte ich gestern nicht die Kassette von Silvias Hochzeit gelöscht.

S. 13/12 a) Wenn er doch nicht immer müde und überarbeitet wäre! Wäre er doch nicht immer ...; b) Wenn er doch nicht nächtelang im Büro bliebe! Bliebe er doch nicht ...; c) Wenn er doch mehr mit Freunden unternähme / unternehmen würde! Unternähme er ... / Würde er doch ... unternehmen! d) Wenn er doch wenigstens in seiner Freizeit Golf spielen würde! Würde er ... spielen! e) Wenn er sich doch mehr Zeit für seine Kinder nähme / nehmen würde! Nähme er sich ... / Würde er sich ... nehmen! f) Wenn wir doch mal wieder ins Kino gehen würden / gingen! Gingen wir ... / Würden wir ... gehen! g) Wenn ich doch nicht immer allein zu Hause wäre! Wäre ich ...; h) Wenn wir doch mal wieder miteinander reden würden! Würden wir ... reden!

S. 14/14 (Lösungsbeispiele) (2) Wenn ich Sie wäre, würde ich mit dem Chef sprechen! (3) Ich denke, es ist ganz gut, der Kollegin Arbeit abzugeben! (4) Vielleicht sollten Sie Ihre Arbeit besser einteilen. (5) Ich würde um eine Gehaltserhöhung bitten. (6) Sie könnten auch mal etwas Sport treiben! (7) Sie müssten mal mit einem Psychologen sprechen!

S. 14/15 Kreisler ..., Er studierte ..., wo er ...; Nach seiner ...; Er wurde ..., die mit ...

S. 14/16 a) Würden/Könnten Sie mir bitte eine Tasse Kaffee bringen? Wären Sie so nett, ... zu bringen? b) Würden/Könnten Sie bitte das Fenster aufmachen? Wären Sie so nett, ... aufzumachen? c) Würden/Könnten Sie bitte gleich das Fax abschicken? Wären Sie so nett, ... abzuschicken? d) Würden/Könnten Sie bitte den Termin verschieben? Wären Sie so nett, ... zu verschieben? e) Würden/Könnten Sie bitte das Reisebüro anrufen und einen Flug nach Frankfurt buchen? Wären Sie so nett, ... anzurufen ... zu buchen? f) Würden/Könnten Sie bitte einen Tisch für 20 Uhr reservieren? Wären Sie so nett, ... zu reservieren?

S. 15/17 Situation 1 (zu b): Worum geht es denn?; Situation 2 (zu c): Ich muss unbedingt ..., ... verstehe ich.; Situation 3 (zu a): ... passt mir leider überhaupt nicht., ... könnten vielleicht ..., ... kann aber noch nicht definitiv ...; Situation 4 (zu d): Wärst du so nett ...? Ginge das?

S. 15/18 a) ist ... Fremdwort; b) unschlagbar; c) bin reif für; d) geschleppt; e) aus dem Gleichgewicht gebracht; f) brüderlich

S. 16/19 (1) Neben-; (2) um zu; (3) damit; (4) damit

S. 16/20 b) (2) Ich gehe in die Kneipe, um neue Leute kennenzulernen. ... damit ich ... kennenlerne. (3) Ich bin in Frankfurt, um besser Deutsch zu lernen. ... damit ich ... lerne. (4) Ich brauche das Auto, um Kathrin vom Bahnhof abzuholen. (5) Ich gehe ins Reisebüro, um einen Urlaub in Spanien zu buchen. (6) Ich mache eine Diät, um fünf Kilo abzunehmen. ... damit ich ... abnehme. (7) Ich lese so viel, um mich weiterzubilden. ... damit ich ... weiterbilde. (8) Ich treibe so viel Sport, um fit zu bleiben. ... damit ich ... bleibe.

S. 16/21 a) ..., um die deutsche Kultur kennenzulernen. b) ..., um morgen früh fit zu sein. c) ..., damit er nicht zu Fuß gehen muss. d) ..., um ihn nicht aufzuwecken. e) ..., damit ihm sein Chef vielleicht eine Gehaltserhöhung gibt. f) ..., damit ich ihr morgen das Buch mitbringe. g) ..., um Geld für eine Fernreise zu verdienen. h) ..., damit sie einen Sprachkurs besuchen kann.

S. 16/22 ins Konzert gehen, Fußball spielen, sich mit Freunden treffen, schwimmen, in die Disco gehen, lesen, singen, in eine Ausstellung gehen, baden gehen, Rad fahren, Radio hören, segeln

S. 17/23 Deutschklubs, Anzeige, kennenlernen, verschiedenen Ländern, aktiv/sportlich, Interessen/Hobbys, (einen Brief / eine E-Mail) schreiben, freuen, langweilig, schreiben/berichten/sprechen, Antwort

S. 18/24 Wo finde ich: a) im Inhaltsverzeichnis, Kursbuch (Schule); c) im Arbeitsbuch, vor den Aufgaben zu einer Lektion; d) im Kursbuch, am Ende jeder Lektion; Wie viele: a) 4 (Hören, Lesen, Sprechen, Schreiben); b) 13; c) 2; In welcher Lektion üben wir: a) 3; b) 3; c) 2; In welcher Lektion lernen wir: a) 5; b) 1; Wie sieht ...: a) AB 9 4; b) GR S. 20/1

S. 19/1 hätte, käme, Ränder, gäbe, Gläser, zählen, Vorschlag, Tag, Satz, Plan, Name, Land

S. 19/2 trennen, Tälern, Tellern, rechnete, rächte, Präsident, Presse, Fähre, Ferne

S. 19/3 a) Gäste, Bären, Ehre, ähnlich, klären, fehlen, wären, Schwäche, Federn; b) lang

S. 21/1 a) Nomen: Herzlichkeit, Kühle; Adjektive: eifersüchtig, vertrauensvoll, neidisch, liebevoll. Nomen: Erfolg, Leidenschaft, Kälte; Adjektive: respektvoll, sympathisch, rücksichtsvoll
b) vertraulich – öffentlich, leidenschaftlich – distanziert/kalt/gefühllos; ehrgeizig – faul, eifersüchtig – tolerant, frostig/eisig – warmherzig; neidisch – großherzig; liebevoll – lieblos/herzlos, respektvoll – respektlos, rücksichtsvoll – rücksichtslos/egoistisch; erfolgreich – erfolglos

S. 22/3 b) Mmm, das höchste ...; c) Manchmal länger ...; d) Manchmal rufen ...; e) Normalerweise ...

S. 22/4 a) falsch (f); b) f; c) f; d) f; e) f; f) f; g) richtig (r)

S. 23/5 a) (1) f – über; (2) r; (3) f – den; (4) f – wenn; (5) r; (6) f – kennenzulernen; (7) r; (8) f – Dieses; (9) r; (10) r; (11) f – nicht; (12) f – hätte

S. 24/6 Respekt, Autorität, Haushalt, Karriere

S. 24/7 b) Respekt vor; c) Rücksicht auf; d) Eifersucht auf; e) Neid auf; f) Spaß an

S. 25/10 a) (Lösungsbeispiel) „traditionelle" Kleinfamilie: Vater Alleinverdiener, Mutter Hausfrau, zwei Kinder; b) 6, 9, 3, 7, 5, 4, 1, 8

S. 26/11 (1) ehrlich gesagt – (2) Ich finde es – (3) ... musst du eigentlich immer – (4) Es kann schon sein – (5) ... weißt doch – (6) Du kannst doch – (7) Versuch es – (8) ... wir sollten –

S. 26/13 ich: muss, musste | kann, konnte | darf, durfte | möchte/will, wollte | soll, sollte

du: musst, musstest | kannst, konntest | darfst, durftest | möchtest/willst, wolltest | sollst, solltest

er/sie/es: muss, musste | kann, konnte | darf, durfte | möchte/will, wollte | soll, sollte

wir: müssen, mussten | können, konnten | dürfen, durften | möchten/wollen, wollten | sollen, sollten

ihr: müsst, musstet | könnt, konntet | dürft, durftet | möchtet/wollt, wolltet | sollt, solltet

sie/Sie: müssen, mussten | können, konnten | dürfen, durften | möchten/wollen, wollten | sollen, sollten

AB 131

LÖSUNGEN

S. 26/14 b) kann/darf; c) muss; d) möchten/wollen; e) muss; f) möchte/will – muss; g) muss; h) darfst/sollst; i) soll; j) darf/möchte/will; k) Könnt – muss; l) Können; m) darf

S. 27/15 muss, möchte, kann/darf, kann, muss, muss, kann, muss, kann

S. 28/16 a) Ich konnte meinen kranken Sohn nicht alleinlassen. b) Ich konnte ihm das nicht sagen. c) ... das wollte ich nicht. d) Ich wollte dich anrufen, aber ich konnte keine Telefonzelle finden. e) Ich musste im Bett liegen. f) Ich konnte mich nicht konzentrieren. g) Ich mochte ihn wirklich gern.

S. 28/17 (1) soll; (2) wollen; (3) möchten; (4) soll; (5) können

S. 28/18 Auch Männer können nach ... arbeiten gehen | Aber immer noch möchten sehr wenige Männer das tun ... Die meisten wollen arbeiten und Karriere machen. | Auf jeden Fall sollten die Partner ... Dann muss die Frau nicht automatisch zu Hause bleiben, sondern sie kann ihren Job ausüben.

S. 29/19 (2) Nomen, Sing., Nom.; (3) Perfekt, 3. Pers. Sing.; (4) Präposition; (5) Personalpronomen, 1. Pers. Plur. Dat.; (6) Modalverb, 3. Pers. Sing.; (7) Nomen, Sing., Akk.erg.; (8) Infinitiv, trennb. Verb; (9) Konnektor, kausal; (10) best. Artikel, fem.; (11) Nomen, Sing., Nom.; (12) Adjektiv; (13) Präsens, 3. Pers. Sing.

S. 31/21 a) das Ehepaar, der Mutterschutz, das Erziehungsjahr, die Tagesmutter, die Teilzeitarbeit, der Elternteil b) (Lösungsbeispiele) (1) Zwei Personen, die verheiratet sind. (2) Ein Gesetz, das die Mutter schützt. (3) Eine Institution, die Arbeit vermittelt. (4) Ein Jahr, das man für die Erziehung der Kinder frei hat. (5) Eine Frau, die sich am Tag um die Kinder anderer Leute kümmert. (6) Eine Arbeit, die nicht den ganzen Tag in Anspruch nimmt. (7) Vater oder Mutter.

S. 31/22 b) dir; c) mir; d) dich; e) dir; f) sich; g) dir; h) sich; i) mir; j) sich; k) uns; l) dich; m) mir; n) dich; o) mich; p) dir; q) mir; r) sich, dich; s) mich

S. 32/23 b) Er hat sich eine tolle Geschichte ausgedacht. c) Ich traue mir das nicht zu. d) Gib dir keine Mühe. Es lohnt sich nicht. e) Sie macht sich nichts aus Kleidung. f) Er zeigte sich von seiner besten Seite. g) Kannst du dir das vorstellen? Unglaublich! h) Das lasse ich mir nicht länger gefallen.

S. 32/24 a) ja; b) ja; c) nein; d) nein; e) ja; f) nein; g) nein; h) nein; i) ja

S. 33/1 c) Wüste, Küste

S. 33/2 wüsste, dürfte, müsste, nützen, fuhr, Schule, Natur, Kunst

S. 33/3 für, gefiel, Glück, Flüge, liegen, Küche, Kissen, Tier, spülen, Wüsten, Gericht

S. 33/4 Günter Kunert, Friedrich Dürrenmatt, Max Frisch, Rainer Maria Rilke, Günter Grass, Siegfried Lenz, die Brüder Grimm, Friedrich Schiller

LEKTION 3

S. 35/1 einladen, tanzen, verkleiden, schmücken, mitbringen, abschicken, verabreden, vorbereiten

S. 36/2 Fest, Party, Geburtstag, eingeladen, gefeiert, Buffet, getanzt, Gäste, Freundeskreis, Freunde

S. 36/3 2B, 3A, 4E, 5C, 6H, 7F, 8G, 9I

S. 37/4 (Weihnachten) Frohes Fest! (Brautpaar) Herzlichen Glückwunsch zur Hochzeit! / Ich wünsche Ihnen alles Gute. / Viel Glück! (Sektflasche und Glas) Ein gutes neues Jahr! / Ein glückliches neues Jahr! / Prost Neujahr! / ... alles Gute! (Tanzendes Paar) Amüsier dich gut! / Viel Spaß! / Viel Vergnügen! (Geschenk) Herzlichen Glückwunsch zu ...! / (Ich wünsche dir/Ihnen) alles Gute! (Osterhase) Fröhliche Ostern!

S. 37/5 Wo? – in der Dahner Landhausstraße; Was? – den 103. Geburtstag; Wie? – zufrieden und gesundheitlich wohlauf; Wodurch so alt (Warum?) – kein Stress, täglich ein Gläschen Wein, nicht mehr rauchen; Was macht er noch? – Zeitung lesen, Musik hören; Wie lebt er? – von der Familie umsorgt, hat 20 Urenkel; Wie feiert er? – im Kreise seiner Geschwister und den Familien seiner Kinder

S. 38/7 b) Als; c) wenn; d) als; e) als; f) wenn; g) Als; h) wenn; i) als; j) wenn; k) wenn

S. 38/8 b) Wenn ich im Sommer meine Großeltern besuchte, freuten sie sich jedes Mal. c) Als ich jünger war, bin ich viel in die Disco gegangen. d) Als ich das erste Mal verliebt war, konnte ich nichts essen. e) Als Nicola ihren 25. Geburtstag feierte, lernte sie Ralf kennen. f) Wenn wir in Urlaub fuhren, brachten wir jedes Mal viele Souvenirs mit. g) Als alle Gäste schon gegangen waren, blieb Daniel immer noch sitzen. / Wenn alle Gäste gingen, blieb Daniel immer noch sitzen. (Gewohnheit)

S. 38/9 b) nachdem; c) bevor; d) wenn; e) bevor; f) seitdem; g) sobald; h) bis

S. 39/10 (Lösungsbeispiele) a) ... kocht Marion das Essen. b) ... fing es plötzlich an zu gewittern. c) ... du mit der Arbeit fertig bist. d) ... laden wir die Meyers nicht wieder ein. e) ... spreche ich schon recht gut Deutsch. f) ... kaufe

ich mir ein neues Auto. g) ... er eine Bank überfallen hatte. h) ... nehme ich bestimmt meine Kreditkarte mit. i) ... wir im letzten Sommer Tintenfisch gegessen haben? j) ... muss ich mein Studium abgeschlossen haben.

S. 39/11 a) *jemanden höflich begrüßen:* Schön, mal wieder von Ihnen zu hören. – Schön lange nichts mehr von Ihnen gehört. – Schön, dass Sie anrufen. – Was kann ich für Sie tun?
vorsichtig fragen/bitten: Es wäre schön, wenn Sie ... – Wir dachten, Sie könnten vielleicht ... – Dürfte ich Sie etwas fragen? –
nachfragen: Wie viel / Was wäre das dann? – Und was könnten wir da beitragen? –
vorsichtig zustimmen/zusagen: Ich denke, das lässt sich machen. –
vorsichtig ablehnen: Leider sieht es ... nicht so gut aus. –
sich bedanken / Hilfe höflich annehmen: Ach, Herr ..., das wäre wirklich schön –
bestätigen und sich verabschieden: Machen wir es doch einfach so: ... – Ich melde mich bei Ihnen ... – Ja, so machen wir es. – Wir hören voneinander.
b) Schön, mal wieder von Ihnen zu hören; Wir dachten, Sie könnten vielleicht ...; Könnten Sie vielleicht ...; ... das lässt sich machen.; ... das wäre wirklich schön.; ... melde mich noch mal bei Ihnen ...; Wir hören voneinander ...

S. 40/12 in + Dat. Beispiel: in der 2. Woche, im Sommer, im 20. Jahrhundert; um + Akk. Beispiel: um 19 Uhr; um + Akk. Beispiel: um 1900

S. 40/13 a) ... um; b) am, c) im; d) am; e) im; f) In; g) gegen; h) Am, im; i) Am; j) Nach; k) am; l) Während; m) gegen, um; n) in; o) um; p) Am

S. 40/14 Vergangenheit: vorhin, früher, damals, neulich, gerade, bisher; Gegenwart: jetzt/nun, gerade; Zukunft: bald, nachher, sofort/gleich, später

S. 41/15 b) gerade/vorhin; c) gerade; d) später; e) sofort/gleich, später/nachher; f) neulich; g) sofort/gleich; h) früher/damals

S. 41/16 meistens, oft/häufig, öfters, manchmal / ab und zu, selten, fast nie

S. 41/17 (1) f – lieber Jan; (2) f – Eure; (3) r; (4) r; (5) f – Eurem; (6) f – wie das ist; (7) r; (8) r; (9) f – auf; (10) r; (11) f – Gesundheit; (12) f – für; (13) f – auf dem

S. 42/18 b) (2) gern; (3) absagen; (4) vor; (5) Pech; (6) traurig; (7) besuchen; (8) viel Spaß bei eurer Party

S. 42/19 im, im, in, am, um, gegen, Am, Nach, um, in, Während

S. 43/20 a) (2) Lars; (3) Sardana; (4) Laura, Sardana; (5) Heta; (6) Medhat; (7) Lars; (8) Laura; (9) Heta, Sardana

S. 44/22 b) vor; c) über; d) in; e) zwischen; f) seit; g) ––; h) übers; i) bis; j) vor; k) vom ... bis zum; l) in; m) aus; n) um; o) während; p) innerhalb; q) für

S. 45/1 Wachtsoldaten, bewachten, Wachteln, Schachteln, lachten, Wacht, Mitternacht, entfacht, geschlachtet, geschmachtet, Achtung, dachten, Wachteln, Spachteln, Schachteln, Verdacht, hinmacht, angebracht, sacht, acht

S. 45/2 CH, ch, ch, CH, ch, CH, ch, CH, ch, ch, ch, ch, CH

S. 45/3 ch, CH, ch

LEKTION 4

S. 47/1 Pause, Bücherei, Fach, Abitur, Stundenplan, Uniform, Noten, Unterricht, Zeugnisse, Klassenarbeit, Ehrenrunde; Lösungswort: Schulferien

S. 48/2 Zeugnis, Klasse, Noten, Kommentar, Unterricht, Halbjahr, Verhalten, Beurteilung, Klassenleiterin

S. 48/3 sehr gut – Gesicht 5; gut – Gesicht 2; befriedigend – Gesicht 3; ausreichend/genügend – Gesicht 4; mangelhaft – Gesicht 1; ungenügend – Gesicht 6

S. 48/4 a) (2) Mit so was ...; (3) Dafür ...; (4) Tu's weg!; (5) (Geht weg); (6) Stell' dir ...; (7) Toll, was?

S. 49/5 a) es geht hier um Folgendes; b) Ich bin der Meinung, dass ..., Ich bin (absolut) für ..., meiner Meinung/Ansicht nach ..., Ich glaube/denke, dass ...; c) In der Zeitung liest man ..., In ... hat man gute Erfahrungen damit gemacht; d) Ich stimme Ihnen zu, das finde ich auch, Ich teile Ihre Meinung, dass ..., Ich bin auch der Meinung, dass ...; e) Ich muss Ihnen leider widersprechen, das sehe ich anders; f) abschließend möchte ich sagen/betonen, dass ...;

S. 50/6 b) **PRO** (1) etwas dazu sagen; (2) für diese Einrichtung/Sache; (3) Erfahrungen; (4) Meinung nach; (5) der Fall/möglich; (6) kommt ein weiteres Problem; (7) deshalb/aus diesem Grund; **KONTRA** (1) (absolut) widersprechen; (2) ganz anders; (3) der Meinung/Ansicht; (4) um Folgendes; (5) denke/glaube ich; (6) Meinung/Ansicht

S. 51/7 a) Grundschule; b) Hauptschule; c) Berufsschule; d) Realschule – Fachoberschule; e) Gymnasium

S. 51/8 (2) Klasse; (3) Sprachkurs; (4) Lernen; (5) Hochschule; (6) Berufsausbildung; (7) Stunde; (8) Schulhof; (9) Unterricht; (10) Schüler; (11) Prüfung

S. 52/10 a) (Lösungsbeispiel) Modell-Gymnasium, Wiener Künstler Hundertwasser, Schüler-Traumschule (bunt, grün, rund), Schulleiter-Kontakt-Künstler, Hundertwasser-Entwurf (bizarre Fassaden, ovale Fenster, kleine Türme, vergoldete Dächer mit Pflanzen), 2. Mai 1999, von Touristen bestaunt

S. 53/11 unregelmäßig: gehen, ging, gegangen; laufen, lief, gelaufen; stehen, stand, gestanden; finden, fand, gefunden; sprechen, sprach, gesprochen; verlieren, verlor, verloren; kommen, kam, gekommen; bleiben, blieb, geblieben; vergessen, vergaß, vergessen; abbrechen, brach ... ab, abgebrochen; geben, gab, gegeben; werden, wurde, geworden; schlafen, schlief, geschlafen; **regelmäßig:** trennen, trennte, getrennt; erkundigen, erkundigte, erkundigt; fühlen, fühlte, gefühlt; mitteilen, teilte ... mit, mitgeteilt; reden, redete, geredet; lachen, lachte, gelacht; **Mischform:** bringen, brachte, gebracht; kennen, kannte, gekannt; wissen, wusste, gewusst; mögen, mochte, gemocht; nennen, nannte, genannt

S. 53/12 b) Präteritum; c) Präteritum; d) Plusquamperfekt

S. 53/13 a) (2) starb; (3) war, vergaß; (3) kaufte ... ein, machte; (4) ließ; (5) wurde; (6) kamen; (7) wurde; (8) wurde, bekam; (9) arbeitete; (10) erlebten, verließen, heirateten; (11) klagte; (12) brachten; (13) machte; (14) trat ... ein, bekam; (15) kauften; (16) lebten; (17) hörte ... auf; (18) wurde; (19) heiratete; (20) lernte ... kennen, verliebte sich; (21) war; (22) begann; (23) schaffte; (24) kam

S. 54/14 a) kochte, aß, sang, las, kam, schrieb

S. 55/15 a) Der Lehrer hat die Klassenarbeit zurückgegeben. b) Die Schüler sind in der Pause im Klassenzimmer geblieben. c) Sabine ist im Schwimmbad vom Drei-Meter-Brett gesprungen. d) Meine Eltern haben sich über das Zeugnis gefreut. e) Er ist im Unterricht eingeschlafen. f) Ich habe in den Ferien endlich mal wieder ausgeschlafen. g) Wir sind mit unserer Klasse nach Österreich gefahren. h) Seine Noten sind besser geworden. i) Die Familie ist in die Schweiz umgezogen und er hat die Schule gewechselt. j) Er war ein fauler Schüler (Er ist ... gewesen). Deshalb ist er sitzen geblieben.

S. 56/17 a) (1) Wie Du ja weißt ..., seit; (2) ... lerne ich ... kennen; (3) dass; (4) muss; (5) habe ich; (6) geholfen

S. 56/18 b) verlaufen; c) befasst; d) geraten; e) verschrieben; f) bestanden; g) eingegangen; h) versetzt; i) besucht

S. 57/19 Glas – zerbrechen, Musik – verklingen, ein Stück Papier – zerreißen, Nudeln – zerkochen, Pflanzen – vertrocknen, Eis – zerlaufen, Blumen – verblühen, Zeit – vergehen, alte Häuser – verfallen

S. 57/20 trennbar: er fängt an, er ruft an, er sieht an, er ruft auf, er fällt aus, er kauft ein, er lädt ein, er arbeitet mit, er sieht nach, er zieht um, er wirft vor, er geht weg, er macht zu

nicht trennbar: er beginnt, er empfiehlt, er entlässt, er entscheidet, er erklärt, er erzählt er gefällt, es gelingt, er misstraut, er versetzt er verspricht, er versteht, er zerstört

S. 57/21 Ein „schlechter" Schüler: a) zugehört; b) verschlafen; c) arbeitet ... mit; d) schreibt ... ab; e) schreibt ... auf; f) bereitet ... vor; g) passt ... auf; **Ein „guter" Lehrer:** a) begrüßt, betritt; b) gibt ... auf; c) erklärt; d) verbessert (bespricht); e) fragt ... ab; f) ruft ... auf; g) versteht; h) beginnt; i) bespricht (verbessert)

S. 59/1 <u>schrei</u>ben, <u>ab</u>schreiben, <u>pass</u>en, <u>auf</u>passen, <u>schau</u>en, <u>an</u>schauen, <u>arbei</u>ten, <u>mit</u>arbeiten, <u>seh</u>en, <u>nach</u>sehen, <u>hör</u>en, <u>zu</u>hören, <u>setz</u>en, ver<u>setz</u>en, <u>grüß</u>en, be<u>grüß</u>en, <u>reiß</u>en, zer<u>reiß</u>en, <u>fall</u>en, ge<u>fall</u>en, <u>schrei</u>ben, unter<u>schrei</u>ben, <u>fehl</u>en, emp<u>fehl</u>en

S. 59/2 linke Spalte: nicht trennbare Verben, zweitletzte Silbe betont; **rechte Spalte:** trennbare Verben, erste Silbe betont; letzter Satz: Betonung auf „<u>wie</u>der".

S. 59/3 <u>Stift</u>, <u>Blei</u>stift, <u>Buch</u>, <u>No</u>tizbuch, <u>Kurs</u>, In<u>ten</u>sivkurs, <u>Tisch</u>, <u>Schreib</u>tisch, <u>Zim</u>mer, <u>Leh</u>rerzimmer, <u>Gum</u>mi, Ra<u>dier</u>gummi, <u>Stun</u>de, Mathe<u>ma</u>tikstunde

S. 59/4 (2) erste, (3) nicht die erste Silbe, (4) die Vorsilbe, (5) die Vorsilbe nicht, (6) ier

LEKTION 5

S. 62/2 b) A: Anna, Daniel und Susi (vier Uhr morgens, Kleinigkeit essen, Livemusik → Nachtcafé) / B: Frau Lindinger (etwas Exotisches → Niawaran) / C: Daniel und Linda (frühstücken am liebsten ausführlich, große Auswahl an Brot und Gebäck → Bodos Konditorei) / D: Familie Wohlfahrt (Besuch in München, Spezialitäten aus der Region → Bräuhaus zur Brez'n) / E: Karla Rettisch (fleischlose Speisen → Vegetarische Spezialitäten) / F: Jens und Herbert (besondere Kneipe, Kultur → Dreigroschenkeller)

S. 62/2 c) 1 B, Disco, Techno-Musik – Titanic City; 2 D, draußen sitzen – Seehaus; 3 C, Cocktail – Kalibar; 4 –

S. 63/3 a) Konfitüre, Frühstück, ausgiebig, Essen, Frühstücksservice, Joghurt, Obst, Wurst, Kaffee

S. 64/5 a) 1 – Lage; 2 – Einrichtung/Atmosphäre; 3 – Essen/Trinken

S. 64/6 a) richtig, b) falsch, c) richtig, d) falsch, e) richtig, f) falsch, g) richtig

S. 65/7 1 – Worum geht es?; 2 – Warum wurde der Service eingerichtet?; 3 – Wie wird gearbeitet?; 4 – Wie kommt man an die Information?

S. 65/8 a) die Bar, das Bistro, das Buffet, das Café, die Diskothek, das Kabarett, das Kilo, die Kritik, das Restaurant, der Vegetarier

S. 65/8 b) die Perfektion, die Qualität, das Detail, das Produkt, der Ketchup, der Burgerdeckel, interessant, das Originalprodukt, die Modebranche, gestylt, funktionieren, der Trick, präparieren, die Konkurrenz, stylen, fotografieren, der Fotograf, der Burger, der Food-Stylist, absolut

S. 66/9 neue Esskultur – Gang zur Imbissbude; Ihrer Meinung – Meinung der Ernährungswissenschaftler; das – die empfohlene Ernährungsformel; dieser Regel – ein- bis zweimal die Woche Fleisch oder Fisch, ansonsten Obst und Gemüse; dort – Asien; mediterrane Kost – Franzosen und Italiener

S. 67/10 Eva und Nicola – ihnen; Eva und Nicola – sie; im Metropolitan - dort; Nicola und Eva – sie; an der Bar – dort; Brad Pitt – er; Die Freundin von Brad – sie; Brad – ihm; Freundin von Brad Pitt – sie

S. 67/11 Passiv Präsens im Hauptsatz: wird ... gemixt, wird ... gepresst, werden ... geschnitten, wird ... nachgefüllt; **Passiv Präsens im NS:** ... hergestellt werden; **Passiv mit Modalverb im Hauptsatz:** muss ... festgeklebt werden, können ... verpackt werden; **Passiv mit Modalverb im Nebensatz:** ... hergestellt werden können; **Zustandspassiv:** sind ... gebacken.

S. 68/12 a) Partizip II, b) Endposition, c) worden, d) Partizip-II-Form, Infinitiv

S. 68/13 herausgefunden, berichtet, durchgesetzt, entdeckt, beschrieben, gemacht

S. 69/14 b) wird ... beschrieben; c) werden ... zubereitet; d) werden ... gekocht; e) werden... erwartet; f) wirst ... bedient, wird ... gespielt; g) wird ... geschrieben; h) werden ... hergestellt; i) gebracht werden; j) gestört werde; k) wird ... gepresst, werden ... geschnitten

S. 69/15 Einfache Formen: ich: werde bedient, wurde bedient, bin bedient worden, war bedient worden; **du:** wirst bedient, wurdest bedient, bist bedient worden, warst bedient worden; **er/sie/es:** wird bedient, wurde bedient, ist bedient worden, war bedient worden; **wir:** werden bedient, wurden bedient, sind bedient worden, waren bedient worden; **ihr:** werdet bedient, wurdet bedient, seid bedient worden, wart bedient worden; **sie/Sie:** werden bedient, wurden bedient, sind bedient worden, waren bedient worden. **Passiv mit Modalverben: ich:** muss bedient werden, musste bedient werden, habe bedient werden müssen, hatte bedient werden müssen; **du:** musst bedient werden, musstest bedient werden, hast bedient werden müssen, hattest bedient werden müssen; **er/sie/es:** muss bedient werden, musste bedient werden, hat bedient werden müssen, hatte bedient werden müssen; **wir:** müssen bedient werden, mussten bedient werden, haben bedient werden müssen, hatten bedient werden müssen; **ihr:** müsst bedient werden, musstet bedient werden, habt bedient werden müssen, hattet bedient werden müssen; **sie/Sie:** müssen bedient werden, mussten bedient werden, haben bedient werden müssen

S. 70/16 a) Der Patient wurde untersucht. b) Er wird oft mit Helmut Kohl verwechselt. c) Die Zinsen sind erhöht worden. d) Warum werden Filme mit so viel Gewalt nicht verboten? e) Sie ist sofort operiert worden. f) Ich bin nicht gefragt worden. g) Die Mitglieder wurden gebeten, rechtzeitig zu erscheinen. h) Ist die Tür abgeschlossen worden? i) Ich hoffe, dass das Essen bald serviert wird. j) Letzte Woche wurde Beethovens „Eroica" gespielt.

S. 70/17 a) Der Cocktail muss gut geschüttelt werden. b) Ich bin nicht sicher, ob das Auto bis morgen repariert werden kann. c) Die leeren Flaschen dürfen nicht in den normalen Müll geworfen werden. d) Die Briefe mussten so bald wie möglich zur Post gebracht werden. e) Die Briefe sollen unterschrieben werden. f) Er musste ins Krankenhaus gebracht werden. g) Die Telefonrechnung muss bis morgen bezahlt werden.

S. 70/18 1 – Zuerst wurde die Pizzeria renoviert und die Wände wurden gestrichen. 2 – Dann wurde gründlich sauber gemacht. 3 – Danach wurden Tische und Stühle gebracht und das Restaurant wurde eingerichtet. 4 – Außerdem wurden Bilder aufgehängt und Kerzen auf die Tische gestellt. 5 – Natürlich wurden Getränke und Lebensmittel eingekauft. 6 – Schließlich wurde eine Annonce in der Zeitung aufgegeben und die Eröffnung bekannt gegeben. 7 – Endlich war es geschafft. Die Pizzeria eröffnet und am ersten Abend wurden die Gäste zu einem Glas Sekt eingeladen.

S. 71/19 a) Das ist zubereitet. b) Der ist gebacken. c) Die ist geputzt und aufgeräumt. d) Der Tisch ist schön gedeckt. e) Die sind kalt gestellt.

LÖSUNGEN

S. 72/20 (1) Das ist eine Fahrkarte. Damit wurde eine U-Bahn-Fahrt bezahlt. (2) Das ist ein Ehering. Der wurde nach der Hochzeit getragen. (3) Das ist eine Waschmaschine. Darin wurde Wäsche gewaschen. (4) Das ist ein Topf. Darin wurde das Essen gekocht. (5) Das ist eine Zeitung. Die wurde gelesen. (6) Das ist ein Staubsauger. Damit wurde die Wohnung sauber gemacht. (7) Das ist eine Zahnbürste mit Zahnpasta. Damit wurden die Zähne geputzt. (8) Das ist ein Brief. Der wurde an einen Freund geschrieben. (9) Das ist ein Kugelschreiber. Damit wurde geschrieben.

S. 73/2 wahr, Bistro, Bissen, Wald, bitter, Wiese, wann, binden, braten, Bier, Wein, Bäcker, Welt, Wild, Berg

S. 73/3 c) ... spricht man *v* wie *w*: Vegetarier, Vanille, Reservierung, Avocado, Vitrine, Service; ... spricht man *v* wie *f*: verspeisen, vierzig, Vater, vielleicht, vorsichtig, Viertel, vielseitig

LEKTION 6

S. 75/1 Welche Filme gibt es: Horrorfilme, Abenteuerfilme, Action-Filme, Amateurfilme, Komödien, Stummfilme, Tonfilme, Western, Zeichentrickfilme. Was braucht man, ...: Drehbuch, Autor, Darsteller, Kameramann, Kostüm, Kostümdesigner, Produzent, Regisseur, Schauspieler.

Personen beim Film: Schauspieler, Darsteller, Hauptdarsteller, Kameramann, Kostümdesigner, Produzent, Regisseur, Schauspieler, Star.

Wie kann man ...: spannend, aufregend, einfallsreich, erfolgreich, ernst, extravagant, humorlos, klassisch, melancholisch, professionell, raffiniert, sachlich, schrecklich, spektakulär, umstritten, unterhaltsam, witzig.

S. 76/2 a) 1 Ein Relativsatz spezifiziert ein Nomen. 2 ... Deshalb steht das Verb am Ende. 3 Ein Relativsatz steht meist hinter dem Nomen, das er näher bestimmt.

b) 1 das Buch. es / Er hat das Buch, das ihn interessiert, gekauft. 2 Peter. ihn / Ich bin mit Peter, den ich ganz zufällig getroffen habe, ins Kino gegangen. 3 Herr Müller. seine Frau / Herr Müller, dessen Frau auch bei uns arbeitet, wartet schon am Eingang. 4 Zettel. darauf / Wo ist der Zettel, auf den ich eine Telefonnummer geschrieben habe? 5 Markus. auf ihn / Markus ist ein Freund, auf den man sich verlassen kann.

S. 76/3 a) (2) die; (3) deren; (4) der; (5) die; (6) die; (7) der; (8) die; (9) der; (10) deren

b) (1) den; (2) der; (3) den; (4) der; (5) den; (6) den; (7) dessen; (8) den; (9) den

c) (1) das; (2) das; (3) das; (4) dessen; (5) das; (6) dem; (7) dem; (8) dessen; (9) das.

S. 77/4 b) denen; c) was; d) den; e) der; f) was; g) dessen; h) den; i) die; j) die; k) den; l) in dem / wo; m) was

S. 77/5 (Lösungsbeispiele) (1) Ein Mondgesicht ist **ein Gesicht, das** wie der Mond aussieht. (2) Ein Notizbuch ist **ein Buch, in das** man Notizen schreibt. (3) Ein Liebesbrief ist **ein Brief, in dem** man jemandem seine Liebe erklärt. (4) Ein Luftballon ist **ein Ballon, der** mit Luft gefüllt ist. (5) Ein Bierbauch ist **ein Bauch, den** Biertrinken dick gemacht hat. (6) Eine Reisetasche ist **eine Tasche, die** man für die Reise braucht. (7) Eine Brieftaube ist **eine Taube, die** Briefe transportiert. (8) Ein Stummfilm ist **ein Film, in dem** nicht gesprochen wird. (9) Eine Giftschlange ist **eine Schlange, die** giftig ist. (10) Ein Seeräuber ist **ein Mann, der** auf See Schiffe ausraubt. (11) Eine Flaschenpost ist **eine Post, die** mit der Flasche kommt. (12) Ein Regenwurm ist **ein Wurm, der** bei Regen aus der Erde kommt.

S. 78/7 a) (12) Film; (4) Schauspieler; (5) Kamera; b) (11) Maske; (10) schminken; c) (6) Aufnahmen; d) (8) Drehort; e) (15) Stummfilme; f) (9) Regie; g) (1) Regisseure; h) (13) Kino; i) (7) Tragödie; j) (14) Rolle; k) (3) Drehbuch; l) (2) Komödie; Lösungswort (16) Zeichentrickfilme

S. 79/8 a) Regisseur, Trickstudio, Fassung, Zeichentrickfilm, Musik, Sprecher, Kinospaß;

b) 2/D, 3/B, 4/F, 5/C, 6/G, 7/E

S. 80/9 a) (2) Mein Deutsch wird immer besser, **weil** ich mir oft deutsche Filme ansehe. (3) Ich bin zu spät ins Bett gegangen, **denn** ich habe im Fernsehen einen spannenden Film gesehen. (4) Ich bin im Kino eingeschlafen, **weil** der Film so langweilig war. (5) Sie hat in einem berühmten Film mitgespielt, **deshalb** ist sie weltbekannt geworden. (6) Ich liebe Naturfilme, **aus diesem Grund** habe ich mir eine Videokassette über den Nationalpark „Bayerischer Wald" ausgeliehen.

b) Sätze 1, 5 und 6 – Gruppe 2 (Hauptsatz + Hauptsatz, Konnektor auf Position 1); Sätze 2 und 4: Gruppe 3 (Hauptsatz + Nebensatz); Satz 3 – Gruppe 1 (Hauptsatz + Hauptsatz, Konnektor auf Position 0)

S. 80/10 (Lösungsbeispiele) a) ..., weil ich eine gute Note in Deutsch habe. b) ..., denn es läuft ein spannender Film. c) ... . Deshalb möchte er sie bald hei-

raten. d) ..., denn ich habe deinen Geburtstag vergessen. e) ..., weil die Sprache so schwierig ist. f) ... . Aus diesem Grund mache ich eine Therapie. g) ..., weil ich meinen Schlüssel verloren habe.

S. 81/11 a) Er spielt in dem neuen Film nur eine kleine Nebenrolle, obwohl er ein sehr bekannter Schauspieler ist. b) Ich hatte hohes Fieber. Trotzdem bin ich ins Kino gegangen. c) Obwohl er erst fünf Jahre alt ist, hat er sich einen Krimi angesehen. d) Mein Deutsch ist eigentlich nicht schlecht. Dennoch habe ich den Film überhaupt nicht verstanden. e) Der Film war langweilig. Trotzdem hat er eine sehr gute Kritik bekommen. f) Ich sehe mir eigentlich nie Krimis an, aber heute habe ich eine Ausnahme gemacht.

S. 81/12 a) (Lösungsbeispiele) 1 ... obwohl er gar kein Talent hat. 2 ... Trotzdem sind sie sehr glücklich miteinander. 3 ... Dennoch isst sie manchmal Fleisch. 4 ..., aber ich kann ihn nicht empfehlen. 5 ..., obwohl ich eine starke Erkältung habe. 6 ... . Trotzdem hat sie keinen Freund. 7 ..., obwohl ein wichtiger Anruf kommen könnte. 8 ..., aber er hat ihn immer noch nicht verstanden.

b) (Lösungsbeispiele) (5) Obwohl ich eine starke Erkältung habe, gehe ich heute ins Kino. (7) Obwohl ein wichtiger Anruf kommen könnte, gehe ich heute Abend nicht ans Telefon.

S. 81/13 b) weil; c) Deshalb; d) Trotzdem; e) Obwohl; f) Deshalb; g) obwohl; h) Trotzdem; i) obwohl; j) denn; k) aber

S. 81/15 (2) Da entdeckt sie ...; (3) Die Welt der Musik ...; (4) Aber Lara ...; (5) Mit 18 beschließt ...

S. 83/16 a) Ach, tut mir leid ...Was hältst du von einer Komödie? b) Das ist eine gute Idee. Das wollte ich schon immer ... c) Na ja, ich weiß nicht ... einen anderen Vorschlag. Lass uns doch ins Kino gehen. d) Wie wär's, wenn wir ein paar Freunde einladen und uns das Spiel gemeinsam ansehen? e) Das ist ein guter Vorschlag ... Wir könnten uns aber natürlich am nächsten Wochenende treffen.

S. 83/17 a) sie / um zu / zuvor / ... sehen möchte / es ihm / einem / erleben / dem / überzeugend / Obwohl / Zuschauer

S. 84/18 zerstört, Natur, Sinnlosigkeit, Blumen, Leben, Tod, Gräbern

S. 84/19 a) Können Sie mir sagen, welche Schauspieler mitspielen? / Wissen Sie, welche Schauspieler mitspielen? b) Können Sie mir sagen, wie lange der Film dauert? / Wissen Sie, wie lange der Film dauert? c) Können Sie mir sagen, wer in dem Film mitgespielt hat? / Wissen Sie, wer in dem Film mitgespielt hat? d) Können Sie mir sagen, wo der Film gedreht wurde? / Wissen Sie, wo der Film gedreht wurde? e) Können Sie mir sagen, wie viel die Filmproduktion gekostet hat? / Wissen Sie, wie viel die Filmproduktion gekostet hat? f) Können Sie mir sagen, in welchem Kino ich mir den Film ansehen kann? / Wissen Sie, in welchem Kino ich mir den Film ansehen kann?

S. 85/2 Pflug, Flüge, Pflaume, Flamme, Pfote, Koffer, Affe

LEKTION 7

S. 88/2 b) um; c) ab; d) entgegen; e) beim; f) zum; g) um; h) in der; i) aus ... heraus; j) über; k) um; l) ins; m) an; n) aus; o) von ... aus

S. 89/3 b) bei; c) aus; d) nach; e) aus; f) bei; g) aus; h) von; i) aus; j) aus; k) von / aus

S. 89/4 a) (1) hinter, neben, über, unter, vor, zwischen; (2) Dativ; (3) Akkusativ

b) 2 einem; 3 der; 4 den; 5 dem; 6 die; 7 der; 8 das; 9 der; 10 den; 11 dem; 12 den; 13 einem; 14 dem

S. 89/5 b) auf einem Campingplatz am Bodensee; c) in einer Pension im Bayerischen Wald; d) in/auf einer Hütte in den Alpen; e) auf einer Insel in der Karibik; f) auf einem Bauernhof in Österreich; g) bei Freunden in Paris; h) auf einem Schiff im Pazifik

S. 90/6 b) bei; c) bei; d) um die; e) über; f) aus der; g) bis; h) nach; i) vom ... aus; j) von/nach; k) nach/aus; l) von

S. 90/7 a) Die Ameisen: In, nach, auf; Er hatte zu viel Geld: um

S. 90/8 b) Kreuzfahrtschiff; c) Jugendherberge; d) Ballon; e) Campingplatz; f) Wohnwagen; g) Fähre; h) Reisebus

S. 91/1 b) Flughafen; c) buchen; d) landen; e) Zelt; f) Geschäft/Arbeit; g) Wasser; h) abfahren

S. 91/10 a) 2 einreisen, 3 verreisen; b) 1 ausschlafen, 2 verschlafen, 3 einschlafen; c) 1 einsteigen, 2 abzusteigen, 3 aussteigen; d) 1 ablesen, 2 verlesen, 3 durchgelesen

S. 91/11 b) Man konnte selbst viel Sport treiben. c) Man erfährt wenig über die Kultur ...; d) Wir sind ohne bestimmte ...; e) Ich reise gern allein ...

LÖSUNGEN

S. 93/13 (2) Doch es kommt bald ...; (3) 200 km von Las Vegas entfernt ...; (4) Jasmin versteht sich ...; (5) Nach und nach entwickelt sich ...; (6) „Out of Rosenheim" ...

S. 93/15 1A, 2D, 3C

S. 94/16 (Lösungsbeispiel)

„Exklusivreisen"   Peter Mustermann
Kayagasse 2   Zöppritzstraße 20
50676 Frankfurt   33330 Gütersloh

Anfrage

Sehr geehrte Damen und Herren,
in der Frankfurter Allgemeinen las ich Ihre Anzeige über ein Hotel aus Eis und Schnee. Für meine Hochzeitsreise vom 13. Mai bis zum 1. Juni dieses Jahres suche ich für meine Frau und mich eine exklusive Unterkunft. Da wir ein außergewöhnliches, aber auch ruhiges Ambiente suchen, hätte ich gern gewusst, wie viele und was für Zimmer das Hotel hat, wie stark es zu der Jahreszeit besucht ist und welche Küche angeboten wird. Wir sind Vegetarier und deshalb ist es für uns wichtig, dass der Koch auch fleischlose Gerichte schmackhaft zubereiten kann.
Wir hätten zudem gern gewusst, ob Sie noch andere „besondere" Hotels im Angebot haben.
Bitte schicken Sie mir nähere Informationen über das „Eishotel" und seine Umgebung sowie, wenn möglich, Hinweise auf andere Hotels. Vielen Dank für Ihre Bemühungen.
Mit freundlichen Grüßen

S. 95/18 anrufen: ruf an, ruft an, rufen Sie an; **lesen:** lies, lest, lesen Sie; **sich ausruhen:** ruh dich aus, ruht euch aus, ruhen Sie sich aus; **sprechen:** sprich, sprecht, sprechen Sie; **arbeiten:** arbeite, arbeitet, arbeiten Sie; **lächeln:** lächle, lächelt, lächeln Sie

S. 95/19 a) Mach; b) Kommt, macht; c) setzen; d) Iss; e) sei; f) seid; g) Sprich; h) Bring/Nimm; i) Passt; j) beeil

S. 96/20 b) (1) Mach rechtzeitig eine Checkliste. (2) Pack den Koffer. (3) Bestelle am Abend ein Taxi. (4) Pack wichtige Dinge ins Handgepäck. (5) Zieh bequeme Kleidung an. (6) Gib den Hausschlüssel beim Hausmeister ab. (7) Schalte Licht und Herd aus. (8) Erscheine pünktlich, 90 Minuten vor dem Start. (9) Wechsle ein bisschen Geld. (10) Such den Reiseleiter oder bestelle ein Taxi. (11) Ruf die Lieben zu Hause an. (12) Schließ die Wertsachen in den Hotel-Safe ein.

S. 96/21 (2) Erhol dich gut. (3) Schreib mal eine Karte. (4) Komm gesund wieder. (5) Pass gut auf dich auf. (6) Ruf mich mal an.

S. 96/22 (1) ... Dann komm' ich hinauf. (2) Kommen Sie doch herüber. ... wie soll ich hinüberschwimmen? (3) Ich muss noch meinen Kulturbeutel hineintun. ... dann musst du eben etwas herausnehmen.

S. 97/2 Reise, Platz, zelten, Kasse, Mützen, Spaß, stolz, besetzen, Seen, Wiese, Warze, Klasse, saß, Sessel, Netze, Tasse

LEKTION 8

S. 99/1 b) CD-Spieler, c) Konzert, d) Melodie, e) Jazz, Geschmack, f) Talent, g) Instrument

S. 100/2 b) Gitarre; c) Tuba; d) Metzger; e) Ballett

S. 100/4 b) Radio; c) Verstärker; d) Lautsprecher; e) MP3-Player

S. 101/5 a) nichts; b) irgendwo, nirgendwo/nirgends; c) jemand/jemanden, niemand/niemanden; d) einmal, nie/niemals, nie; e) einmal, nichts; f) etwas, nichts; g) jemand, niemand; h) jemandem, niemandem/keinem

S. 101/6 b) nichts; c) keine; d) nichts; e) keine; f) nichts; g) kein; h) keinen; i) nicht; j) nichts; k) nicht; l) nichts

S. 101/7 a) Anton kann nicht Klavier spielen. b) Diana interessiert sich nicht für Opern. c) Nicht ihr Onkel hat sie angerufen, sondern ihr Bruder. d) Ich möchte heute nicht tanzen gehen. e) Ich gehe nicht gern in klassische Konzerte. f) Meine Mutter kann Ihnen nicht helfen, aber mein Vater. g) Sie erinnert sich nicht an ihren Urlaub vor zehn Jahren, aber an den (Urlaub) im letzten Jahr. h) Ich kenne nicht Herbert Grönemeyer, aber Herbert Kohlmeyer. i) Ich kann dir die CD nicht leihen.

S. 102/8 (Lösungsbeispiel) Wer schreibt wem? Eine Privatperson an eine Tageszeitung. Wie lautet die Anrede? Sehr geehrte Damen und Herren. Worauf bezieht sich der Leserbrief? Auf den Artikel: „Ausgezeichnete Kinderarbeit" vom 24.06. Wie ist die Grußformel? Mit freundlichen Grüßen. Wie ist die Sprache im Brief? emotional.

S. 102/10 Präpositionen mit Akkusativ: bitten um, denken an, hinweisen auf, schreiben an/über, sich bedanken für, sich bemühen um, sich entscheiden für/gegen, sich erinnern an, sich freuen auf/über, sich konzentrieren auf, sich kümmern um, sich verlassen auf, sich verlieben in, sich verwandeln in, sich vorbereiten auf, sorgen für, verzichten auf, warten auf; **Präpositionen mit Dativ:** ableiten von, einladen zu, gehören zu, gelangen zu, gratulieren zu, passen zu, rechnen mit, sich auseinandersetzen mit, sich beschäftigen mit, sich erkundigen nach/bei, sich fernhalten von, sich treffen mit, sich verabreden mit/zu, stammen aus/von, suchen nach, teilnehmen an, vereinbaren mit, zusammenhängen mit

S. 103/11 b) auf den; c) in die; d) zu der; e) um seine; f) auf die; g) zu einem; h) an dem; i) Auf (die); j) mit dem; k) mit ihm; l) an das; m) für das

S. 103/12 b) danach; c) darauf; d) daran; e) darauf; f) daran; g) damit; h) darum; i) damit

S. 104/13 (Lösungsbeispiele) a) Er freute sich so sehr darauf, dass er nächste Woche Urlaub hat. b) Wir haben lange darüber diskutiert, ob wir mit dem Zug oder mit dem Auto in Urlaub fahren sollen. c) Er hat sich darüber beschwert, dass seine Nachbarn so laut Musik hören. d) Ich ärgere mich wirklich darüber, dass du meine neue Brille zerbrochen hast. e) Ich bemühe mich darum, dass Paolo an einem Sprachkurs teilnimmt.

S. 104/14 c) mit wem – mit; d) an wen – an; e) mit wem – mit; f) wozu – zu; g) womit – mit; h) an wen – an; i) worum/worauf – um/auf j) von wem – von; k) worüber – über; l) worauf – auf

S. 104/15 (Lösungsbeispiel) (2) Großartig! Gibt es noch welche in den vorderen Reihen? Und wenn ja, was kosten die? (3) Gut, dann hätte ich gern zwei Karten in der 5. Reihe für die Abendvorstellung. Kann ich die Karten reservieren? (4) Ich hole sie dann eine halbe Stunde vor Vorstellungsbeginn ab.

S. 105/17 Melodien, Preise, Debüt, Hit; Musiker, Komposition, Lied, Songs; Musik, Bühne, Gruppe

S. 106/18 b) zu; c) –; d) –; e) –; f) zu; g) zu; h) zu; i) zu

S. 106/19 a) Er lässt sich die/seine Haare ganz kurz schneiden. b) Das Publikum hört nicht auf zu applaudieren. c) Ich höre ihn laut Violoncello spielen. d) Leider hat er nie Lust, in Urlaub zu fahren. e) Letztes Jahr sind wir sehr oft tanzen gegangen. f) Er hat sich nicht helfen lassen. g) Du hast vergessen, den Termin abzusagen.

S. 107/4 Noten, knarren, nicken, noch, Knüller, nie, Nacken, Knebel

LEKTION 9

S. 109/1 (Lösungsbeispiel) Gebirge: klettern, wandern, verunglücken, umkommen, sich etwas brechen; Meer: sinken, windsurfen, umkommen, verunglücken; Bergunfall: abstürzen, retten, sich etwas brechen, sich verletzen, umkommen, verunglücken, wehtun; auf dem Pferd: reiten, trainieren; Rucksack: erblicken, retten; Strand: joggen, sich ausbreiten, trainieren, sich verletzen

S. 110/2 a) 13 – Lust auf Meer; 14 – Der Kilimandscharo ruft; 3 – Costa Rica; 11 – München; 1 – Vietnam; 2 – Malaysia; 5 – Kuba; 8 – Türkei b) (Lösungsbeispiele) 4 – Bielefeld: Wasser macht gesund! Wasser macht Spaß! Kommen Sie zu unseren Schwimmkursen im neuen Hallenbad. Wir bieten für jeden etwas! 6 – Boston: Dabei sein beim bekanntesten Marathon der Welt. 7 – Hawaii: Das ultimative Paradies für Surfer und solche, die es werden wollen! 9 – Hamburg, Studio Balance: Ein Muss für die schlanke und biegsame Linie. 10 – Die nächste Weltmeisterschaft kommt bestimmt! Aber das dauert noch. Und zwischendrin kommen Sie zu Real Madrid, damit Sie nicht vergessen, was ein Elfmeter ist. 15 – Iguazú: Lust, auf dem Amazonas Kanu zu fahren? Im Dezember geht es los! Mehr Informationen bei KLH Reisen.

S. 111/3 a) Vielleicht erzähle ich Dir erst einmal etwas über mich, <u>denn</u> wir müssen uns in einem gemeinsamen Urlaub ja schließlich verstehen und zusammenpassen. Ich habe schon fast alle Tauchparadiese dieser Welt erforscht, <u>sowohl</u> die Malediven und Australien <u>als auch</u> Jamaika und ... und ... Ich bin ein leidenschaftlicher Taucher und Naturfreak, <u>also</u> wirst Du einen erfahrenen Tauchpartner mitnehmen, <u>mit dem</u> Du viel Spaß haben wirst. <u>Außerdem</u> kann ich heiße Insidertipps über Kuba geben. Ich bin 26 Jahre alt, sportlich, unternehmungslustig, aktiv. Ich möchte nicht nur tauchen, <u>sondern auch</u> das Land sehen, ein bisschen herumreisen, in Discos gehen, Leute kennenlernen, einfach Spaß haben. <u>Aber vor allem</u> möchte ich die Natur erleben. Ich hoffe, bald von Dir zu hören, <u>denn</u> ich möchte wissen, ob, wann und wo wir uns treffen. <u>Dann</u> könnten wir Näheres besprechen.

S. 112/4 a) Nationalelf, Weltmeisterschaftsfinale, Sieg, sportlicher Triumph, Endspielsieg, Nationalspieler, Training, gewinnen, Maskottchen, WM

S. 112/5 dick – dicker – am dicksten; **klein** – kleiner – am kleinsten; **reich** – reicher – am reichsten; **hübsch** – hübscher – am hübschesten; **frisch** – frischer – am frischesten; **intelligent** – intelligenter – am intelligentesten; **elegant** – eleganter – am elegantesten; **hart** – härter – am härtesten; **kurz** – kürzer –

LÖSUNGEN

am kürzesten; **teuer** – teurer – am teuersten; **dunkel** – dunkler – am dunkelsten; **heiß** – heißer – am heißesten; **alt** – älter – am ältesten; **groß** – größer – am größten; **jung** – jünger – am jüngsten; **lang** – länger – am längsten; **schwach** – schwächer – am schwächsten; **stark** – stärker – am stärksten; **nah** – näher – am nächsten; **hoch** – höher – am höchsten; **viel** – mehr – am meisten; **gern** – lieber – am liebsten; **gut** – besser – am besten

S. 113/6 a) –er, b) –(e)st, c) Umlaut, d) –e–, e) –e–.

S. 113/7 b) bessere; c) größeres/eleganteres/besseres/hübscheres; d) interessanteren; e) billigeres; f) schnelleres; g) modernere; h) schönere; i) mehr

S. 113/8 b) höchste; c) meisten; d) längsten; e) meisten; f) niedrigste; g) älteste; h) längsten; i) kleinsten

S. 114/9 a) Hamburg; b) größer – Bayern; c) höher – Zugspitze; d) älter – Heidelberg; e) teurer – Berlin; f) länger – Rhein; g) kleiner – Chiemsee; h) bekannteste – München; i) größte – Frankfurt

S. 114/10 (Lösungsbeispiele) (1) Größe – Frankreich ist größer als Deutschland. (3) Essen – In Italien schmeckt das Essen besser als in Deutschland. (4) Nationalsport – Der Nationalsport Englands ist weltweit bekannter als der von Chile. (5) Leute – Die Menschen in Frankreich und Schweden werden europaweit am ältesten.

S. 115/11 a) 2 Dürre; 3 Sonnenschein; 4 durstig; 5 Steg; 6 Spiegel

b) **feminin:** die Brise; **maskulin:** der Wind, der Sturm, der Orkan, der Blitz, der Donner, der Regen, der Schnee, der Sonnenschein, der Frost, der Hagel; **neutral:** das Eis

c) maskulin

S. 115/13 (2) die Tiefe: (3) die Kälte; (4) die Trockenheit; (5) die Leichtigkeit; (6) die Größe; (7) die Ruhe; (8) die Dürre; (9) die Nässe; (10) die Fläche; (11) die Breite

S. 116/14 a) **Akkusativ:** den ersten Sportler / die erste Gruppe / das erste Mal / die ersten Menschen; **Dativ:** dem ersten Sportler / der ersten Gruppe / dem ersten Mal / den ersten Menschen; **Genitiv:** des ersten Sportlers / der ersten Gruppe / des ersten Mals / der ersten Menschen

b) **Nominativ:** -e / -es; **Akkusativ:** -en / -e / -es; **Dativ:** -en / -en / -en; **Genitiv:** -en / -en / -en

S. 116/15 (Lösungsbeispiel): Endung -e für Nom. m, f, n, und Akk. f, n. Die anderen Endungen sind -en.

S. 116/16 dreizehnten; siebenundzwanzigsten; ersten; sechzehnten; ersten

S. 117/17 b) f – als; c) r; d) f – hat mehr; e) f – als; f) r; g) f – höher; h) r; i) f – wie

S. 117/18 a) **Politiker:** John F. Kennedy – Helmut Kohl; **Regisseure:** Steven Spielberg – Caroline Link; **Fußballtrainer:** Franz Beckenbauer – Jürgen Klinsmann; **Maler:** Pablo Picasso – Rembrandt; **Schriftsteller:** Johann Wolfgang von Goethe – William Shakespeare; **Schauspieler/innen:** Marlene Dietrich – Gérard Depardieu; **Modeschöpfer:** Karl Lagerfeld – Giorgio Armani

S. 117/19 (Lösungsbeispiel) ... war ich mit Karsten in St. Moritz zum Ski fahren. Die Piste war schon ziemlich aufgeweicht und auf einem Buckel bin ich dann gestürzt. Als ich nicht mehr aufstehen konnte, hat Karsten den Rettungsdienst gerufen. Ich hatte mir das linke Bein gebrochen und musste zwei Wochen im Krankenhaus liegen.

Jetzt kannst Du vielleicht verstehen, warum Du in den letzten Wochen nichts von mir gehört hast. Aber Gott sei Dank geht es mir schon wieder besser. Bald kommt der Gips ab und ich kann wieder laufen. Du musst Dir also keine Sorgen machen. ...

S. 118/21 b) (Lösungsbeispiel) München, 18.8. 20..

Michaela Müller

Oskar-von-Miller-Ring 66

83335 München

An die

Redaktion des Sportjournals – Leserbriefe

Ihr Artikel über „Abenteuer Everest"

Sehr geehrte Damen und Herren,

in Ihrem Artikel „Abenteuer Everest" gehen Sie leider nur wenig auf die doch immensen Gefahren dieser Herausforderung ein. Ich finde es unverantwortlich, dass auch nur an die Möglichkeit gedacht wird, jeder halbwegs trainierte Mensch könnte diesen außergewöhnlichen Berg bezwingen. Es handelt sich hier nicht um eine harmlose Bergtour in die Alpen, sondern um eine Expedition auf den höchsten Berggipfel der Welt. Durch Artikel wie den Ihren aber können Leser zu der abwegigen Meinung verführt werden, auch sie könnten sich einmal ihren Wunschtraum, vom Dach der Welt herabzublicken, erfüllen.

Und wozu das Ganze? Wozu immer mehr Menschen in immer entlegeneren, extremeren Regionen zu immer extremeren Leistungen herausfordern? Ich persönlich finde es besser, wenn klar ist, dass „der Schuster bei seinen

Leisten" bleibt und eine Bergbesteigung dieser Art wenigen Auserwählten vorbehalten bleibt. Es darf niemals einen Tourismus auf diesen Berg geben.

Mit freundlichen Grüßen

Michaela Müller

S. 119/3 a Studentin, lieben, rennen, liegen, sprecht, mir, Kollegen, dir, betten, springen, Lieder

LEKTION 10

S. 121/1 Accessoire: Tuch, Handtasche, Armbanduhr, Ohrring; Material: Stoff, Pelz, Baumwolle, Leder; Muster: einfarbig, geblümt, kariert, gestreift; Form: weiblich, eng, anliegend, weit; Kleidungsstück: Hemd, Hosenanzug, Kostüm; Farbe: einfarbig, bunt.

S. 122/2 (2) Welches Symbol ... – Etwas, was ...; (3) Wer dürfte ... – Ich kann auch Boss ...; (4) Wohin dürften Ihre Bodyguards ... –Ich hoffe, so geliebt ...; (5) Was müsste unbedingt ... – Ein Eisschrank ...; (6) In welchem Fortbewegungsmittel ... – BMW ...; (7) An welchem Skandal ... – Bei meinem ...

S. 122/3 Mode, Modeschöpferin, Qualität, Laden, Kollektion, Boutiquen

S. 122/4 b) weich fallender Stoff; c) ein gut aussehendes Model; d) das passende Outfit; e) ein eng anliegendes Kleid; f) ein hoch stehender Kragen

S. 123/5 b) gebräunte; c) geschnittene; d) geschlossene; e) geschlitzte; f) geschnürten; g) gepuderte; h) geknöpfte; i) aufgesetzten

S. 123/6 b) aufgehende; c) gestohlene; d) gepressten; e) korrigierten; f) gewaschenen; g) passende; h) glühenden; i) unterschriebenen; j) brennende; k) erschienene

S. 123/7 a) (2) schneeweiß; (3) bildhübsch; (4) feuerrot; (5) federleicht; (6) himmelblau; (7) schokoladenbraun; (8) hauchdünn

b) (2) schneeweiße Haut; (3) ein bildhübsches Model; (4) feuerrotes Haar; (5) federleichte Decken; (6) ein himmelblaues Auto; (7) schokoladenbrauner Vorhang; (8) hauchdünne Schokoladentäfelchen

S. 123/8 ca. – circa; vgl. – vergleiche; s.o. – siehe oben; etc. – et cetera (und so weiter); dt. – deutsch; usw. – und so weiter; u. a. – unter anderem; z.B. – zum Beispiel; d.h. – das heißt; evtl. – eventuell

S. 124/9 B – Was gehört noch zur Techno-Mode? C – An den Füßen ...; D – Die Uniform ...; E – Auf dem Kopf...

S. 124/10 1/A; 2/F; 3/C; 4/D; 5/B; 6/E

S. 125/11 (Lösungsbeispiel) Idee, gut – findest – zu teuer – ist eine, nehmen – zu eng sein – probier – findest – steht – recht – Frag – wird, schau, leid – nehme

S. 125/12 b) Drohung/Warnung; c) Vermutung; d) Versprechen; e) Erwartung; f) Versprechen; g) Drohung/Warnung; h) Erwartung; i) Versprechen; j) Drohung/Warnung; k) Erwartung, Versprechen

S. 126/13 a) Die Jacke wird nicht ganz billig sein. b) Sicher wird sie meinem Freund gefallen. / Sie wird meinem Freund sicher(lich) gefallen. c) Er wird mal wieder zu viel getrunken haben. d) Das Flugzeug wird Verspätung haben. e) Er wird keine Lust haben. f) Sie wird in einen Stau gekommen sein. g) Er wird krank geworden sein. h) Er wird beim Friseur sein.

S. 126/14 b) 2 r; 3 f; 4 r; 5 f; 6 f

S. 127/15 b) 2 Sehr geehrte; 3 beiliegend; 4 bestellt; 5 feststellen; 6 Außerdem; 7 sondern; 8 zurückzunehmen; 9 erstatten

S. 127/16 a) *Modalpartikeln:* eigentlich, so, ja; *Ausdrücke/Formulierungen:* ich hab' das gern, vor allem, immer schon gewesen; *Hauptsatz nach „weil":* weil ich mag ..., weil die sind ...; *Abkürzungen:* hab (habe), 'ne (eine); *Subjekt* (besonders „es") oft weggelassen.

S. 128/17 a) 3; b) 1; c) 2.

S. 128/18 b) Eigentlich, c) eigentlich, d) einfach, e) eigentlich, f) einfach, g) Eigentlich, h) eigentlich, i) einfach.

S. 128/19 b) 3, c) 1, d) 3, e) 2, f) 1

S. 129/4 Vokal und Doppelkonsonant: Ohrläppchen, Kette, Lippen, Wolle, Verschluss, dünn, Kamm, Schall, Watte, wusste, Hütte, füllen, stumm, still, wissen, Riss, Schiff, Motte, soll, hoffen, Wolle, Spott; *Vokal und zwei oder mehr Konsonanten:* Kontrast, lächeln, Hemd, Ring, möchte, kurz, warte, Sturm, Sport; *Vokal und ck:* Jacke, dick, Röcke, Lack; *Vokal und tz:* Mütze; *aa/ ee/ oo:* Saal; *ie:* Stiefel, Wiese, Riese, schief, Liebe; *Vokal und h:* Ohrläppchen, ähnlich, Sohle, Söhne, Schuh, fühlen, wohl; *Vokal+Konsonant+ Vokal:* Nase, Leder, Regen, Hose, Lösung, Bluse, Füße, jagen, Hüte, Mode; *Vokal und Konsonant am Wortende:* Hut, kam, lag, Stil, Hof